不要愁老之将至,您老了一定很可爱。而且,假如您老了十岁,我自然地同样老了十岁,世界也老了十岁,上帝也老了十岁,一切都是一样。

我想要在苏州里看雨,假山石边看蚂蚁,看蝴蝶恋爱,看蜘蛛结网,看水,看船,看云,看瀑布,看实情的甜甜地睡觉。

接到您的信,真快活,风和日暖,令人愿意永远活下去。世上一切算什么,只要有您。

我就是，我就是柔情的至上主者。

醒来觉得
甚是爱你

朱生豪 著
管苇 编

北京理工大学出版社
BEIJING INSTITUTE OF TECHNOLOGY PRESS

版权专有 侵权必究

图书在版编目（CIP）数据

醒来觉得甚是爱你 / 朱生豪著；管苇编. —北京：北京理工大学出版社，2018.10（2019.9重印）
ISBN 978-7-5682-6008-4

Ⅰ.①醒… Ⅱ.①朱… ②管… Ⅲ.①朱生豪（1912-1944）—书信集 Ⅳ.①K825.5

中国版本图书馆CIP数据核字（2018）第175111号

出版发行 / 北京理工大学出版社有限责任公司
社　　址 / 北京市海淀区中关村南大街5号
邮　　编 / 100081
电　　话 / （010）68914775（总编室）
　　　　　　（010）82562903（教材售后服务热线）
　　　　　　（010）68948351（其他图书服务热线）
网　　址 / http://www.bitpress.com.cn
经　　销 / 全国各地新华书店
印　　刷 / 三河市金元印装有限公司
开　　本 / 889毫米×1194毫米　1/32
印　　张 / 10.5　　　　　　　　　　　　责任编辑 / 申玉琴
字　　数 / 190千字　　　　　　　　　　　文案编辑 / 申玉琴
版　　次 / 2018年10月第1版　2019年9月第3次印刷　责任校对 / 周瑞红
定　　价 / 46.00元　　　　　　　　　　　责任印制 / 边心超

图书出现印装质量问题，请拨打售后服务热线，本社负责调换

代序 卿似秋风，侬似萧萧叶

1912年，浙江嘉兴鸳鸯湖畔，一个破落的商人家庭里，出生了一个男孩，取名朱文森，他就是后来在翻译界大名鼎鼎的朱生豪。

这一年的1月1日，孙中山在南京宣誓就任临时大总统；2月12日，末代皇帝溥仪宣布退位。父亲陆润不愿将儿子的生日放在废朝的岁暮，让他做一个亡清的遗婴，因此，就把他的生日定为民国元年2月2日。

这个随着新时代诞生的孩子，后来给中国文坛带来了崭新的内容。

朱生豪聪慧过人，4岁由母亲朱佩霞和叔祖母启蒙，5岁入读嘉兴梅弯初级小学，9岁以甲等第一名的成绩初小毕业。10岁开始在《小朋友》杂志上发表诗歌。12岁高小毕业，成绩全班第一名，国文、英文成绩尤佳。同年，插入嘉兴私立秀州中学初中二年级，与弟弟们创办《家庭小报》。17岁，保送进杭州之江大学，主修国文，辅修英文。一代词宗夏承焘在批阅他的国文试卷时多次写道:"夕阅考卷,朱生豪不易才也。""之江办学数十年,恐无此不易才也。"

这个早慧的男生埋头在诗文里,他的内心是孤独古怪的。这与他的成长经历有关系。在朱生豪还很小的时候,就屡屡与死亡相遇。先是妹妹病故,10岁母亲病故,12岁父亲病故。成了孤儿的三兄弟由81岁高龄的叔祖母照顾。14岁叔祖母病故。他们又由出嫁在曹家的孀居姑母和表姐照管。

多舛的命运,寄人篱下的生活,形成他孤僻古怪,不苟言笑的性格。夏承焘先生评论他说:"渊默若处子,轻易不发一言。"

他自己也说:"一年之中,整天不说一句话的日子有一百多天,说话不到十句的有二百多天,其余说得最多的,也不到三十句。"

然而,当一个原本黯然寂寞的生命遇见了爱情,便像燃着了火花,倏忽间迸发出明明的光亮来。

如果朱生豪没有遇见宋清如,那么,"生命于我将是不可堪的"。幸运的是,上天想让他快乐,于是把宋清如送到他身边。

1932年9月,朱生豪在之江大学读大四,大一来了一个叫宋清如的女生。在之江诗社的迎新会上,他们第一次见面了。加入之江诗社要先交一首诗,宋清如非常认真地写了一首《宝塔诗》。那是一首半文半白的新诗,字数每行递增。诗社活动大多是交流旧体诗词,所以当宋清如和大家分享《宝塔诗》时,现场的气氛突然尴尬了起来。

当《宝塔诗》传到朱生豪的手上,"他只笑了笑……但留给我的印象是亲切的。既不是嘲笑，也不是捧场。"这无言的一笑，就好像是孩子在受尽委屈时听到的一声安慰和鼓励。

低头莞尔间，已然情动。三天后，朱生豪写信给宋清如，并附上三首新诗，请她指正。一来一往间，两人暗生情愫。遇见宋清如的朱生豪如同开了窍一般，话匣子一下子被打开，绵绵情话如黄河之水滔滔不绝，诉说着他浓浓的爱意。

相识仅一年，朱生豪从之江大学毕业，到上海世界书局任英文编辑，从此开始了长达近十年的鸿书爱情。漫长的别离，坎坷的生活际遇，加之战乱纷争，他们天各一方，但两个人依然笔墨往来，互诉衷曲。

这个年轻人怯于言词而勇于笔端，他把自己火热的爱情全都写在信里，向他的爱人倾吐。写信收信是他最快活的事。他的信很勤，两三天一封，有时更密。宋清如差不多一周回他一封。

等信总是很焦急，忍不住要在信里抱怨："我卜了一下，明天后天都仍然无信，顶早星期四，顶迟要下个星期五才会有信，这不要把我急死吗？"

收到信后，马上就活了过来："接到你的信，真快活，风和日暖，令人愿意永远活下去。世上一切算得甚么，只要有你。"

他在信里一遍遍地不厌其烦地说"我爱你"，直白和炽烈："醒来觉得甚是爱你。""我悄悄儿跟你说，我仍旧爱你。""有人说他很爱你，要吃了你，因此留心一些。""你顶好，你顶可爱，你顶美，我顶爱你。"

一首《我爱宋清如》，将爱情的炙热表露无遗："我爱宋清如，风流天下闻；红颜不爱酒，秀颊易生氛。我爱宋清如，温柔我独云；三生应存约，一笑忆前盟。"

他的信内容十分随性，想到什么就写什么。告诉她自己的房间是什么样子；天冷下雨自己出去没有带伞；今天买了什么书，书里写的什么；身上还有多少钱，打算怎么花……这些细细碎碎的生活琐事，他一一写来与她分享，就好似两个人耳鬓厮磨，窃窃私语那般，丝毫没有距离的障碍。

他说："我们都是世上多余的人，但至少我们对于彼此都是世上最重要的人。"这句话只说对了后一半，他们是彼此在世上最重要的人。

朱生豪这一生只做了两件事：一件是翻译莎士比亚作品，一件是给宋清如写信。

朱生豪给宋清如的信中写道："舍弟说，我将成为一个民族英雄，如果把莎士比亚译成功后。因为某国人曾经说中国是无文化的国家，连老莎的译本都没有。我这两天大起劲……"接着他又说："我要把译著作为献给你的礼物。"宋清如当时很激动，也觉得很幸福，马上给他回信，寄去一首诗，《迪娜的思念》，朱生豪当即把它谱成曲。这首诗见证了他们的爱情，也见证了他们事业的开端。

当时的条件十分艰苦，朱生豪只能用业余时间翻译。他在给宋清如的信中写道："七点半起床，八点钟到局（注：他当时在世界书局工作），十二点半吃饭，下午一点钟到局；办公时间除了尽每天的本分之外，便偷出时间来翻译，查字典……"就这样挤着时间翻译出了《暴风雨》《仲夏夜之梦》《温莎的风流娘们儿》《威尼斯商人》等，不久就可完成第一分册——喜剧集。可惜的是，1937年日本侵略军进攻上海，这些译本全部被毁。

1941年，珍珠港事件、太平洋战争爆发，日寇占领"孤岛"，冲进朱生豪工作的报馆，他的全部译稿和收集的资料再度被毁，一同被毁的还有他的三本诗集和宋清如的两本诗集，以及宋清如给他的信。很遗憾，我们现在看不到宋清如写给他的信了，想必亦是深情缱绻，真切动人的吧。

1942年5月1日，这对相恋近十年的恋人，穿着借来的礼服，在师长朋友的见证下，举行了简而又简的婚礼。老师夏承焘给他们题词：才子佳人，柴米夫妻。相爱的人终于在一起了，再不用饱受相思之苦。

婚后，朱生豪不愿为汪伪政府工作，仅靠微薄的稿酬维持全家生计，生活异常困苦。先是回到常熟岳父家中寓居，半年后回到嘉兴老家。他闭门谢客，一心译莎，宋清如这个昔日的大小姐洗手弄汤羹，甘为灶下婢，过起了柴米夫妻的日子。

有心爱的妻子在身边陪伴，朱生豪有如神助，翻译的速度极快。要知道，一张榉木帐桌，一把旧式靠椅，一盏小油灯，一支破旧不堪的女子用的美国康克令钢笔和一套莎翁全集、两本字典就是他全部的工作用具。那样平淡、艰辛、愁苦所结成的激情非常人所能体会。

婚后，宋清如回常熟老家探望母亲半月未归，爱妻不在身边，朱生豪整日烦躁不安，一次次去火车站迎接，结果都失望而归。他便每天写信，虽一封也未发出，却最真实地表达了他的心情："我不愿向上帝祷告，因为他是从来不听人的话的，我只向你妈祷告，好妈妈，天晴了，赶紧放她走吧！"朱生豪深情如斯，短暂的分离于他都是难忍的牵挂。

慧极必伤，情深不寿。朱生豪自小体弱，加上常年伏案工作，营养不良，健康每况愈下，常患牙周炎，时常发烧，曾卧床半月余。而就是在1943年这一年里，他译出了18部莎剧，包括莎士比亚最脍炙人口的四大悲剧。这是何等的天才，何等的毅力，壮哉！

1944年，抗战进入最后的关头，华北、华中、华南解放区战场节节胜利，曙光即现。然而朱生豪的病情却愈加严重。医生诊断为肺结核并发多种结核。自知命不久矣的他，悲愤地说："早知今日，就是拼死我也要译完莎氏全集。"至此，尚余五个半历史剧没有译完。他在序中说："虽贫穷疾病，交相煎迫，而埋头伏案，握管不辍……夫以译莎工作之艰巨，十年之功，不可云久，然毕生精力，殆已尽注于兹矣。"

1944年12月25日，他在病床上用英语高声吟诵莎剧。12月26日中午，他示意妻子到床边来，说了声"清如，我要去了。"终是带着遗憾离世。时译成莎剧31部半，妻子宋清如33岁，儿子朱尚刚13个月。

十年前，他们相识不久便别离，宋清如写了一首诗给朱生豪："假如你是一阵过路的西风／我是西风中飘零的败叶／你悄悄地来，又悄悄地去了／寂寞的路上只留下落叶寂寞的叹息"。朱生豪看过后，用她的诗意填了一首《蝶恋花》：

不道飘零成久别／卿似秋风，侬似萧萧叶／叶落寒阶生暗泣／秋风一去无消息

倘有悲秋寒蝶蝶／飞到天涯，为向那人说／别泪倘随归思绝／他乡梦好休相忆

不想，这首诗竟成了他们一生的写照。

两个人相爱，最残忍的莫过于一方先走，抛下另一方。先离开的那个无疑是幸福的，不得不留下的那个，孤单痛苦都是加倍的。宋清如买了药想随他而去，"你的死亡，带走了我的快乐，也带走了我的悲哀。人间哪有比眼睁睁看着自己最亲爱的人由病痛而致绝命时那样更惨痛的事！痛苦撕毁了我的灵魂，煎干了我的眼泪。活着的不再是我自己，只似烧残了的灰烬，枯竭了的古泉，再爆不起火花，漾不起漪涟"。

有一天，邻居何先生说："生豪虽然死了，总算还有一个13月的儿子。"有子尚幼，怎敢轻离。而且，还有他的大事未竟，莎剧还差6部没有完成。一个人有了使命，就有了活下去的勇气。宋清如打起精神，致力于莎士比亚译作的出版工作，她独自完成了180万字遗稿的全部整理校勘工作，写下译者介绍。1947后，世界书局出版朱生豪译作《莎士比亚戏剧集》27种，1954年，人民文学出版社出版朱译《莎士比亚全集》31种，共计180万字。

在后来的岁月里，宋清如翻译完成了朱生豪没能完成的剩下的5部半莎剧，可惜阴差阳错，最终没能出版。不过，在她心里总算是替丈夫完成了他的夙愿，再没什么遗憾的了。

1997年，宋清如驾鹤仙去，享年86岁。她早在《两周年祭朱生豪》一文中写道："当我走完了这命定的路程时，会看见你

含着笑向我招手。那时候,我将轻快地跟着你的踪迹,哪管是天堂或是地狱。"这对相恋10年,结婚2年余,却阴阳相隔半个多世纪的爱侣终能永远在一起了。

朱生豪的生命虽然短暂,却给国人留下灿烂的篇章,也留了写给妻子的二百余封书信。在这个喧嚣的时代,看一看这位世上最会写情话的人的爱情书信,唤一唤我们曾对爱情至诚的向往。

目 录

第一章
我爱你像爱一首诗一样

- 我把我的灵魂封在这封信里 / 004
- 我爱你像爱一首诗一样 / 005
- 来信与诗,都使我快活 / 006
- 我待你好,你也不要不待我好 / 010
- 说不完的我爱你 / 012
- 寄予你一切的思慕 / 014
- 让每一个梦里有一个你 / 016

- 一、二、三,快写吧 / 017
- 为甚么不给叔叔写信? / 018
- 纸上洒水作眼泪 / 019
- 所以我要常常写信给你 / 020
- 我知道我所凝望着的只是你 / 023
- 明天我答应你不再写信 / 024
- 这封信不要给宋清如看 / 025
- 世上最无聊的事便是写情书 / 027
- 抄几节俏皮话你看 / 029
- 赠你《古梦集》/ 038

第二章
我愿意做梦和你打架儿

- 我愿意做梦和你打架儿 / 043

  盼望见你，带着很高兴的调子 / 045

  见你见不够 / 046

  我爱你得很，盼你寄照片 / 048

  你能来接我，我最快活 / 049

  我真的非常想要看看你 / 050

  好好打扮，我来看你 / 051

  你不耐烦"应酬"我，我要打你手心 / 052

  寂寞常是啮着我，惟你能给我感奋 / 053

  我不忍飞去，当一天你还记着我的时候 / 054

  在梦里我不愿离开你，永远 / 055

  一想你来，你总是小得可以藏在衣袋里 / 057

  我不准你比我大 / 059

  梦魂不识路，何以慰相思？ / 061

  望你来我家 / 062

  嘉兴没有一个高贵清华的少女，如你 / 066

  我和虞山的缘分，正像和你的一样悭 / 067

第三章
醒来觉得甚是爱你

- 我巴不得永远和你厮守在一起 / 072
- 满心里都是你,想你有时要想得哭 / 073
- 我为之江恋你 / 075
- 十八天了,她还是没有来 / 076
- 我多么愿意自己是个诗人,只是为了你的缘故 / 082
- 只有你是青天一样可羡 / 084
- 梦里我总是英雄 / 085

你是世上最可爱的老太婆 / 086

醒来觉得甚是爱你 / 088

我只想吃了你,吃了你 / 089

我愿意舍弃一切,以想念你终此一生 / 090

我渴望和你打架,也渴望抱抱你 / 091

我只想变做个鬼来看你 / 093

你是我的天使 / 095

女皇陛下,臣稽首 / 100

我姓洪,名水,字淡如好不好? / 102

第四章
你愿意做快乐的猪,还是苦恼的哲学家?

- 如果今天不是星期五,我真不想活 / 107
- 你愿意做快乐的猪,还是苦恼的哲学家? / 109
- 菩萨保佑你易长易大 / 111
- 金鼠牌的星期日节目 / 112
- 寂寞的人不该有星期日 / 114
- 讲来讲去全是有闲趣味 / 115
- 寂寞的人是不应该找人说话的 / 118
- 读戏曲,比之读小说有趣得多 / 123

- 写于几天以前 / 129
- 凡不爱你的人都是傻子 / 131
- 天才们傻的程度比我更甚 / 134
- 夜里很冷,你冷不冷? / 136
- 也许我不懂电影 / 138
- 人生顶无味就是有一个家 / 140
- 《摩登时代》不曾使我们失望 / 143
- 看戏也要拿出眼光来才好 / 146
- 今天看了一张影戏,故事很有趣 / 149

第五章
我是个理想家,想到现实会使我黯然

请借给我五块钱,请讲故事给我听 / 153

我是个理想家,想到现实会使我黯然 / 154

给你看我今年的收支 / 157

爱虽不能永劫,但可以无穷 / 160

时间重得拖都拖不动 / 166

臭灰鸭蛋 / 171

我爱宋清如 / 172

我的快乐即是爱你 / 173

我不很快乐,你不很爱我 / 175

我一定要把你欺侮得哭不出来 / 177

我爱你,不和你谈君子之交 / 179

我待你好,愿与不愿? / 181

不要不待我好,在这世上我最欢喜你 / 182

我爱你,几时我们一块儿放羊去 / 184

第六章
风和日暖,令人愿意永远活下去

- 我伤心得很 / 187
- 最好我们逃到一个荒岛上去 / 189
- 爱和妒是分不开的 / 191
- 我拍拍你的肩头 / 195
- 爱你,总不算是一件错事 / 197
- 醒着时,专想辩驳你的话 / 198

- 但愿来生我们终日在一起 / 202
- 你总不肯跟我吵吵架儿 / 203
- 很希望你虐待我 / 204
- 我的心碎了,因为你虐待我之故 / 205
- 不要绝交好不好 / 207
- 不许你再叫我朱先生 / 209
- 我要打宋清如,那尼姑 / 211
- 风和日暖,令人愿意永远活下去 / 213

第七章
我愿和你卜邻而居,此身足矣

你要我以怎样的方式歌颂你? / 217
我很急,真想跑来瞧瞧你 / 220
我所思兮在之江,爱人赠我一包糖 / 221
可爱的初夏黄昏,给好人建议 / 225
无月的中秋是可爱的 / 227
我只念你,像生着病 / 229
有得时间生病,宁可谈恋爱 / 230

你病了,我寂寞得想哭 / 233
头号傻瓜,当心伤风 / 234
不许再生病了,我害怕 / 236
我将永远留一个深心的微笑给你 / 237
宋清如甜甜地睡觉 / 238
你肯不肯嫁我? / 239
最好我们活同样年纪 / 241
别离有时是太难排遣的 / 242
我愿和你卜邻而居 / 243

第八章

当今之时，最好谈谈恋爱

- 我很想再来看你一次 / 247

  我欢喜你给我取一个名字 / 249

  等你给我取名字 / 251

  世上比你再可爱的人是没有了 / 254

  《暴风雨》已是第三稿 / 256

  今晚苦译，我不希望开战 / 258

  住陌生处，抄《威尼斯商人》/ 259

  神气的人总归是神气，吃笔的人总归是吃笔 / 260

  《梵尼斯商人》完成，大喜若狂 / 261

  五天后出院，回沙士比亚那里去 / 263

  重新开始译事，忘却无味生活 / 265

  我已经感谢你，要没你我真不能活 / 266

  突破记录，谢谢你改正"么" / 267

  我们都是温柔的人，我欢喜你 / 269

  我很奇怪，他们若无其事 / 271

  不准写风花雪月的诗，就讲故事给你听 / 273

  梦不见你，我觉得寂寞悲哀 / 274

  寂寞得很，看不见你，我想哭 / 276

  Everything will turn out all right / 278

- 当今之时，最好谈谈恋爱 / 280

第九章
这里安眠着一个古怪的孤独的孩子

- 一个人只要有耐心,终会胜利 / 283
- 我不许任何人待我好,但你待不待我好全随你 / 286
- 我爱你永远爱不完,愿蚊子不要叮你 / 288
- 辞职书已拟好,盼回信 / 290
- 明天搬家,平凉村十室八空 / 291
- 因为如果爱你没意思,不爱你更没意思 / 293
- 天气又凉得可爱,愿你无限好 / 294

- 一切的思念和祝福都属于你 / 296
- 你是天使,我是幸福的王子 / 298
- 卿似秋风,侬似萧萧叶 / 300
- 我死之后,你肯为我流泪不? / 301
- 我希望你将来能到我坟墓上看我 / 302
- 请你亲手替我写一墓铭,写在你心上 / 304

第一章
我爱你像爱一首诗一样

朱生豪和宋清如两人因诗结缘，因诗定情。

在之江大学求学期间，朱生豪有幸得到一代词宗夏承焘先生的精心指点，写下很多优秀的诗作，被誉为"之江才子"。大学毕业前后，他在报刊上发表过很多诗歌、散文和小品集。他具备深厚的中国古典文学修养和古典诗词的创作才能，从四言、五言到六言、七言等，都能理解透彻并且有意识地运用到莎剧当中。同时他还钟情于英国诗歌。因此，朱生豪翻译的莎剧，保持了诗情和神韵，做到达与雅，使人感受到平仄、押韵、节奏等和谐悦耳的效果。

宋清如的诗才颇引人注目。曾在《现代》等文学刊物上发表过不少有影响力的诗作。

当时著名的《现代》杂志主编施蛰存先生在读了她的诗稿后，竟给这位女学生回了一封长信，称她"一文一诗，真如琼枝照眼……真不敢相信你是一位才从中学毕业的大学初年级学生……我以为你有不下于冰心之才能……"

两个有着共同爱好的年轻人，就这样以诗为媒，走到了一起。朱生豪自己这样写道："不须耳鬓常厮伴，一笑低头意已倾。"后人称他们为"南湖诗侣""诗侣莎魂"。

多年后，两人的诗作合集《秋风和萧萧叶的歌》出版面世。这本合集收录了朱生豪诗作58首，宋清如诗作51首。

我把我的灵魂封在这封信里

好姐姐：

今天中午回来，妹妹带着随随便便的神气对我说，"你房间里有一封信"，一跳跳到楼上，信并没有。虽然知道受了骗，可是也许被风吹在地上，也许被放在书底下、枕头底下、抽屉里，仍然作万一之想地空寻了一番，好像你并不是昨天才有信给我的。

说不出来的闷，空虚，灵魂饿得厉害。鬼知道这种罪几时才能受满。

我们廿九、三十两天不工作，廿九是星期例假，三十补革命纪念日假（或者说廿九是革命纪念日，三十补星期例假均可），虽承公司方面的好意，实在也并不十分欢迎，一切事情天晓得！

我把我的灵魂封在这封信里，你去旅行的时候，请把它随身带在口袋里，挈带它同去玩玩，但不许把它失落在路上。

幸亏世上还有一个你。我弱得厉害，你不要鄙夷我。

所有的祝福！

饿鬼　写于没有东西吃的夜间　廿六

我爱你像爱一首诗一样

澄：

带着一半绝望的心，回来吃饭，谢谢天，我拾回了我的欢喜。别说冬天容易过，渴望着信来的时候，每一分钟是一个世纪，每一点钟是一个无穷。然而想着你是幸福地在家里，伫念的心，也总算有了安慰。

你不会责备我说过的那些无聊话？

我实在欢喜你那一身的诗劲儿，我爱你像爱一首诗一样。

问你寒假里有没有计划的人，我不知是谁，大概是一位蠢货，一定。理想的人生，应当充满着神来之笔，那才酣畅有劲。计划，即使实现了也没趣。祝福你。

告诉我几时开学，我将数着日子消遣儿，我一定一天撕两张日历。

朱　廿三下午

来信与诗,都使我快活

宋:

才板着脸孔带着冲动写给你一封信,读了轻松的来书,又使我的心弛放了下来。叫他们拿给你看的那信已经看到?有些可笑吧,还是生气?实在是,近来心里很受到些气闷,比如说人以为我不应该爱你之类;而两个多月来离群索居的生活,使我脱离了一向沉迷着的感伤的情绪的氛围,有着静味一切的机会,也确使我渐对过去的梦发生厌弃,而有努力做人的意思。

我真希望你是个男孩子,就这一年匆匆的相聚,彼此也真太拘束得苦。其实别说你是那么干净那么真纯,就是一些人的冷眼,也会把我更有力地拉近了你的。我没有和平常人那样只闹一回恋情的把戏,过后便撒手了的意思。我只希望把你当作自己弟弟一样亲爱。论年岁我不比你大甚么,忧患比你经过多,人生的经验则不见比你丰富甚么,但就自己所有的学问,几年来冷静的观察与思索,以及早入世诸点上,也许确能做一个对你有一点益处的朋友,不只是一个温柔的好男子而已。

对于你,我希望你能锻炼自己,成为一个坚强的人,不要甘心做一个女人(你不会甘心于平凡,这是我相信的),总得从重重的桎梏里把自己的心灵解放出来,时时有毁灭破旧的一切的勇气（如其有一天你觉得我对于你已太无用处，尽可以一脚踢开我，我不会怨你半分），耐得了苦，受得住人家的讥笑与轻蔑，不要有甚么小姐式的感伤，只时时向未来睁开你的慧眼，也不用担心甚么恐惧甚么，只努力使自己身体感情各方面都坚强起来，我将永远是你的可以信托的好朋友，信得过我吗？

也许真会有那么海阔天空的一天，我们大家都梦想着的一天！我们不都是自由的渴慕者吗？

现在的你，确实是太使我欢喜的，你是我心里顶溺爱的人。但如其有那么一天我看见你，脸孔那么黑黑的，头发那么短短的，臂膀不像现在那么瘦小得不盈一握，而是坚实而有力的，走起路来，胸膛挺挺的，眼睛明明地发光，说话也沉着了，一个纯粹自由国土里的国民（你相信我不会爱一个"古典美人"？虽然我从前曾把林黛玉作为我的理想过），那时我真要抱着你快活得流泪了。也许那时我到底是一个弱者，那时我一定不敢见你，但我会躲在路旁看着你，而心里想，从前我曾爱过这个人……这安慰也尽可以带着我到坟墓里去而安心了。这样的梦想，也许是太美丽了，但你能接受我的意思吗？

为了你，我也有走向光明的热望，世界不会于我太寂寞。

来信与诗，都使我快活。每回你信来，往往怀着感激的心情，不只是欢喜而已。诗以较高的标准批评起来，当然不算顶好，以你的旧诗的学力而言，是很可以满意的了。第一首"嫣嫣"二字平仄略不顺，不大要紧，第二句固是好句子，但蹈袭我的句子太甚，把"犹袭"二字改为"空扑"吧。三四句平顺无疵。总观四句，略欠呼应，天上人间句略嫩，听之。此诗改为：

>霞落遥山黯淡烟，残香空扑采莲船。
>晚凉新月人归去，天上人间未许圆。

（两人字重复，因此读上去觉不顺口。倘把"人归去"的"人"改为"郎"字，却是一首轻佻的民歌。也许你会嫌太佻，但末句本不庄，故前面的"人"字不能改"君"字。）

新月映带未许圆，使"天上"二字不落空。

第二首全体妥。"縻"字用得新，也许你用时是无意的？

第三首第二句"微波漪涟"重复，"漪"字平仄不对；第四句"万般往事"俗，改为"年年心事"即佳。全首改为：

>无端明月又重圆，波面流晶漾细涟；
>如此溪山浑若梦，年年心事逐轻烟。

三首情调轻灵得很，虽然还少新意，不愧是我的高足，我该自傲不是？

前次绝句二十首之后，又做了十一首，没有给你看。前面几首较好：

>春水桥头细柳魂，绿芜园内鹧鸪痕。
>蜀葵花落黄蜂静，燕子楼深白日昏。

>倚剑朗吟卍字栏，晚禽红树女萝残。
>何当跃马横戈去，易水萧萧芦荻寒。

> 半臂晕红侧笑嫣，绿漪时掀采莲船。
> 莲魂侬魂花侬色，蛙唱满湖莲叶圆。

> 迟雪冲寒鹤羽毨，偶尔解渴落茅庵。
> 红梅白梅相对冷，小尼洗砚蹲寒潭。

略有宋诗调子，第三、四两首，都故作拗句。又第九首：

> 秋花销瘦春花肥，一样风烟雨露霏。
> 萧郎吟断数根须，懊恼花前白袷衣。

第十一首：

> 燕子轻狂蝴蝶憨，满园花舞一天蓝。
> 仙人年幼翅如玉，笑澈银铃酡脸酣。

则是我诗里特有的童话似的情调。
天凉气静，愿安心读书，好好保重。

朱朱　廿三夜

秋兴杂诗七首，本没有给你看的意思，但张荃既有信给我，也不妨抄下来并给伊一读，我没有另外给伊写信的心向。

我待你好,你也不要不待我好

好人:

  你不懂写信的艺术,像"请你莫怪我,我不肯嫁你"这种句子,怎么可以放在信的开头地方呢?你试想一想,要是我这信偶尔被别人在旁边偷看见了,开头第一句便是这样的话,我要不要难为情?理该是放在中段才是。否则把下面"今天天气真好,春花又将悄悄地红起来"二句搬在头上做帽子,也很好。"今天天气真好,春花又将悄悄地红起来,我没有甚么意见"这样的句法,一点意味都没有;但如果说,"今天天气真好,春花又将悄悄地红起来,请你莫怪我,我不肯嫁你",那就是绝妙好辞了。如果你缺少这种 poetical instinct①,至少也得把称呼上的"朱先生"三字改做"好友",或者肉麻一点就用"孩子";你瞧"朱先生,请你莫怪我,我不肯嫁你"这样的话多么刺耳;"好友,请你莫怪我,我不肯嫁你",就给人一个好像含有不得不苦衷的印象了,虽然本身的意义实无二致;问题并不在"朱先生"或"好友"的称呼上,而是"请你莫怪我……"十个字,根本可以表示无情的拒绝和委婉的推辞两种意味。你该多读读《左传》。

---

① 诗的直觉。

我没有要你介绍女朋友的意思,别把我的话太当真。你的朋友(指我)是怎样一宗宝货你也知道,介绍给人家人家不会感激你的,至于我则当然不会感激你。

我待你好,你也不要不待我好。

说不完的我爱你

亲爱的朋友：

热得很，你有没有被蒸酥了？

怪倦的，可是我想必须要写了这封信。

Tempest已完工，明天叫他们替钉一钉，便可以寄给你看，但不知你能不能对我的译笔满意。

郑天然给我的两本抄本，我因为自己没用处，昨夜没有事，便把你所有寄给我看的新诗（除了我认为太不好的少数之外）都抄了上去，计得：

1932年（十月起）　9首

1933年　38首

1934年　32首

1935年　8首

1936年（迄七月）　2首

竭着一个黄昏一个上午半个下午的时间把它们抄完，好似从头到尾温习了一遍甘美的旧梦。我觉得你确实有诗人的素质，你的头脑跟你的心都是那么美丽可爱。因为不讲究细琢细磨的缘故，你的诗有时显得生硬，显得意象的调炼未臻融和之境，而给人一种不很成熟的感觉，但这无害于你的抒情的优美。不经意而来的好句子，尽可以使低能的苦吟者瞠然失色；你的顶好的几首小诗可以列于我平生读过的最好的诗篇之中。我对于你真只有无限的爱慕，希望你真不要从此萧索下去才好。我曾在抄后又用红墨水把你的各篇诗加以评点，好的诗一圈，很好的诗两圈，非常好的诗三圈；句子有毛病或用得不适当的加竖，佳句加细点，特别出色的佳句加密圈，你要不要看看？

　　说不完的我爱你。愿你好。

永远是你的　星期日夜

寄予你一切的思慕

好人：

你简直是残忍，一天难挨过似一天，今天我卜过仍不会有你的信来。我渴想拥抱你，对你说一千句温柔的蠢话，然这样的话只能在纸上我才能好意思写写，即使在想象中我见了你也将羞愧而低头，你是如此可爱而残忍。

我决定这封信以情书开头，因此就有如上的话，但这写法于我不大合适。虽则我是真的爱你，如同我应该爱你一样。

如果到三十岁我还是这样没出息，我真非自杀不可。所谓有出息不是指赚三百块钱一月，有地位有名声这些，常常听到人赞叹地，或感慨地说，"甚么人甚么人现在很得法了"，我就不肚热那种得法，我只要能自己觉得自己并不无聊就够了。像现在这样子，真令人丧气，读书时代自己还有点自信和骄矜，而今这些都没有了，自己讨厌自己的平凡卑俗，正和讨厌别人的平凡卑俗一样，趣味也变低级了，感觉也变滞钝了。从前可以凭着半生不熟的英文读最艰涩的 Browning[①] 的长诗，而得到无限的感奋，现在见了诗便头痛，反之有时看到了那些又傻又蠢气的电影，倒要

[①] 19世纪英国诗人勃朗宁。

流流眼泪,那时我便要骂我自己,"你看看你这个无聊的家伙,有甚么好使你感动的呢,那些无灵魂的机械式的表演?"真的,我并不曾感动,然而我却感动了。一个人可以和妻子离婚,但永远不能和自己脱离关系,我是多么讨厌和这个无聊的东西天天住在一个躯壳里!如果我想逃到你的身边,他仍然紧跟着我,因此我甚至不敢来看你,因为不愿带着他来看你。我多么想回到我们在一处作诗(不管是多么幼稚)的"古时候",我一生中只有那一年是真的快乐、真的满足,满足自己也满足世界,除了太过渺茫了的我的童年,那还是太古以前的事,几乎是不复能记忆的了。

你知道火炉会使人脸孔变惨白,但你不知道人即使在火炉旁也会冻死的,如果有人不理他。杭州已下雪了,这里只有雨,那种把人灵魂沾满了泥泞的雨。冬天惟一的好处是没有臭虫,夜里可以做梦,虽然我的梦也生了锈了。

寄予你一切的思慕。

朱儿

让每一个梦里有一个你

宋：

　　风雨如晦，天地失色，我心寂寞，盖欲哭焉。今天虽然盼得你的信，可是读了等于不读，反而更觉肚子饿，连信封才七十字耳，吝啬哉！

　　不知你玩得算不算畅快？鲰生无福，未能追随芳躅，惟有望墨水壶而长叹而已。

　　本来我也可以今天乘天凉回家去一次，但一则因为提不起兴致，二则因为钱已差不多用完，薪水要下星期一才有，因此不去，下星期已说定要去，大概不得不去，并非真想去。狗窝一样的亭子间，虽然我对它毫无爱情，只有憎恶，但在这世上似乎是我惟一不感到陌生的地方。

　　如果你要为我祝福，祝我每夜做一个好梦吧，让每一个梦里有一个你。如果现实的缺憾可以藉做梦来弥补一下，也许我可以不致厌世。

　　愿你好。

X　四日

一、二、三，快写吧

爱人：

写一封信在你不过是绞去十分之一点的脑汁，用去两滴眼泪那么多的墨水，一张白白的信纸，一个和你走起路来的姿势一样方方正正的信封，费了五分钟那么宝贵的时间，贴上五分大洋吾党总理的邮票，可是却免得我食不甘味，寝不安席，无心工作，厌世悲观，一会儿恨你，一会儿体谅你，一会儿发誓不再爱你，一会儿发誓无论你怎样待我不好，我总死心眼儿爱你，一会儿在想象里把你打了一顿，一会儿在想象里让你把我打了一顿，十足地神经错乱，肉麻而且可笑。你瞧，你何必一定要我发傻劲呢？就是你要证明你自己的不好，也有别的方法，何必不写信？因此，一、二、三，快写吧。

为甚么不给叔叔写信?[①]

My little baby child:

I am angry with you, very angry. Why not write to your uncle, seeing him so lonely lying in hospital? My health is rapidly recovering.This morning: pulse-72, temperature-98.4° F. Shall get up Jan.l. Leave hospital Jan.13. Will write you no more until I come out. God bless you.

UncleChu

我的小宝宝:

我在生你的气,非常生气。看着你的叔叔孤零零地躺在医院里,为甚么不给他写信?我的健康恢复得很快。今天早晨,脉搏:72,体温:98.4° F。我将在1月1日下床,1月13日出院。在出院之前我不再给你写信了。上帝保佑你。

朱大叔

---
① 本篇译文大意由朱尚刚先生提供。

纸上洒水作眼泪

弟怨不欲生,阿姐是否被大狼衔去了乎?
纸上洒了几滴水,当作眼泪。

廿九五点钟

所以我要常常写信给你[1]

小姐：

样样事情都不如意，这蹩脚钢笔尖又那么不好写，一个月不知要用多少笔尖。一跑进门，孩子又把我的胶水瓶弄过了，桌子上满是胶水，狠狠地把那已被弄空了的胶水瓶掼碎了。我从来不曾欢喜过孩子，这两个孩子尤其讨厌。总之，我像一头受伤的狗，今天的薪水失了望，把剩余的三十几个铜板寄出了这封信，连买糖也买不成了。因此，你想你这人好不好，昨天还要寄一封欠资信来，剥削去我财产的一半！如果其中说的是我爱你一类的肉麻话，那么或者明天我还可以整天躺在床上做些粉红色的梦，好像真有了一个爱人的样子；毕竟现实是残酷的，你寄给我的只是一些鬼脸！这象征了人间无爱情，只有一些鬼脸，因此我终将看着鬼脸过此一生了。

把这信寄出之后，预备就做工，明天要做整天的工，晚上想早点睡，使精力充足一些，后天钱到手，便到外头去吃夜饭看影戏，自己请客，到十点钟回家。想想看多惨，一星期做了六十点钟工，把整个的人都做昏了！

---

[1] 含信两封。

可是顶惨的是连半个安慰安慰心灵的爱人都没有,因此要写信也不得不仍旧写给你,虽你是那么不好。

你会不会为我的不幸而落泪呢?愿撒旦保佑你!一个吻。

堂·吉诃德　星期六

宋儿:

胡铭仁现在有没有事体?他的英文程度怎样?不是问他的写作能力,只问他了解能力是否还过得去?譬如译《莎氏乐府本事》《天方夜谭》一类程度的书,是否能准确无误(须要字对字、句对句的)。如果你以为他可以的话,请把他的通信处告知我。

我不知道人应不应该穿衣服,我想人那么丑都是因为穿了衣服的缘故,然而也许因为是那样丑,所以才要穿衣服。照现在的情形看,还是穿了衣服好。女人穿了聪明的衣服,可以有很美的肉感,脱去衣服,也许甚么肉感都没有。维持风化最好的办法,是不论男女裸体往大街上跑,不到一个月,谁都要倒了胃口。单想想我们那些岸然绅士或讲道学的老先生们的肉体,就够令人毛发悚然,还有那些发育过分的胖太太们,谢谢上帝!保佑不要做怕梦。

明天礼拜hurrah[①]!

[①] 英语象声词,欢呼。

你说我今天要不要买栗子吃？我今年已用了七十八个钢笔尖，十三瓶墨水。我爱你。

鸭子　廿八

今天日历上的格言说："忠国家，孝父母，尊师长，和夫妇，友兄弟，信朋友，笃亲族，睦乡党。"除了没有父母，可以不用孝，没有夫妇（一个人永远不能同时有夫又有妇的），也无须和之外，其余我懒得理会。惟所谓信朋友大概是写信给朋友的意思，所以我要常常写信给你。

我知道我所凝望着的只是你

挚爱的朋友：

我已写坏了好几张纸了，越是想写，越是不知写甚么话好。让我们不要胡思乱想，好好地活着吧。在我的心目中，你永远是那样可爱的，这已然是一个牢不可拔的成见了。无论怎样远隔着，我的心永远跟你在一起，如果没有你，生命对于我将是不堪的。

我知道寂寞是深植在我们的根性里，然而如果我的生命已因你而蒙到了祝福的话，我希望你也不要想象你是寂寞的，因为我热望在你的心中占到一个最宝贵的位置。我不愿意有一天我们彼此都只化成了一个记忆，因为记忆无论如何美妙，总是已经过去、已经疏远了的。你也许会不相信，我常常想象你是多么美好、多么可爱，但实际见了你面的时候，你更比我的想象美好得多、可爱得多。你不能说我这是说谎，因为如果不然的话，我满可以仅仅想忆你自足，而不必那样渴望着要看见你了。

我很欢喜，"不记得凝望些甚么，一天继续着一天"两句话，说得太寂寞了。但我知道我所凝望着的只是你。

祝好。

朱　十日夜

明天我答应你不再写信

因为心里好像很高兴,所以就有点安定不下,所以就有点烦躁,所以觉得很气闷,所以心里不高兴。听见别人"唧唧唧"的谈话声,怪心烦的,没法子,写信。你不应该怪我老找你麻烦,因为是没法子,虽说是不久荒唐了两天回来,但星期日不准出去,总有点怨。特此声明,请你不要……

其实我很快活,我很快活,la la la。

我觉得我如作得出诗,一定会胖起来。从前多有趣,自命谪仙人的那种神气,现在只好自命为猪猡了,而且是瘦得不中吃的猪猡。呒啥话头,也无怪你不爱我。

你不要待朱朱好,他不好。

十九下午

明天我答应你不再写信。

这封信不要给宋清如看

好友：

今天宋清如仍旧不给信我，我很怨，但是不想骂她，因为没有骂她的理由，而且我也不是女人。宋清如好像是女人，你是不是女人我有些莫名其妙。

今天中饭气得吃了三碗，肚子胀得很，放了工还要去狠狠吃东西，谁教宋清如不给信我？

我告诉你我爱宋清如，随你说我肉麻，说我无聊，说我臭，说我是猪猡驴子猢狲夜叉小鬼都不相干。

这两天有一张非看不可的电影，因此虽然有种种不方便，昨天终于偷偷地去看了，LONDON FILMS①出品，RENE CLAIRE，法国的宗匠，导演，剧旨是"没落的旧浪漫主义对于新兴的俗恶的现实主义的嘲笑"，这句话抽象不抽象？片名是《鬼往西方》。故事是一个美国商人买了一座鬼祟的苏格兰古堡，整个儿拆卸下来载回美国重新盖造，把那古堡里的鬼也带了去了。纽约的好奇群众热烈地欢迎这个鬼，新闻记者争着摄影，

---

① 伦敦影片公司。

而商人因此得到publicity①。搬来的古堡落成以后，里面装置着摩登的设备，一切的不三不四使这鬼头痛……我没有讲完这故事，后半部鬼出现的最精彩的部分，也是嘲笑最犀利的部分，完全给检查会剪去了，以致看下去很有支离之感。可笑的是片中的鬼本来是真的鬼，说明书中说那是剧中主人公的假扮，原是避免不通的检查诸公的注意，因为要是说那是真的鬼，就变做"宣传迷信"，不能开映了，于是大家都上了当以为那个鬼是假扮的，报上的影评也是这样说，这种人真没有资格上电影院。

高尔基死，鄙人大有独霸世界文坛的希望。

这封信不要给宋清如看。

十九

---

① 名声、知名度。

世上最无聊的事便是写情书

爱人：

用了两天功夫①给或友②写了一封英文的情书，计长五六大页。告诉你，这是一件登天的工作。要是有人问起我来，"你善于踢足球呢，还是善于写情书"？我一定说，"比较说起来，我还是善于踢足球"。

世上最无聊的事便是写情书，如果有写之必要的话，最好像圣诞卡片一样，由出版家请人设计一些现成的情书，或者由诗人们写上一些丁香玫瑰夜莺的诗句，附上些花啊月啊，邱匹德之类的图案，印好之后发卖，寄信者只要填上姓名就好了。因为就是信的开端的称呼，如亲爱的、挚爱的、热爱的、疼爱的、宠爱的、眷爱的……小麻雀、小松鼠、小天使、小猪猡……以及末尾的自称，你的忠实的、你的惟一的、你的永远的，等等都已印好，这样就非常方便，横竖如果对方是聪明的话，早知道这些不过是玩意儿罢了。

可怜的就是那些天真的男女们，总以为人家写给他的信所说

---

① 工夫。后同。
② 或友，即某一位朋友。

的是真话，或者自以为自己所写的是真话。一个人没有理由相信他自己，正如他没有理由相信人家一样。

（以下七十五字检查抽去）①

祝你发福。你不要我来看你是不是？我待你好。

---

① 原稿中此部分被裁剪。

抄几节俏皮话你看

宋先生：

　　窗外下着雨，四点钟了，近来我变得到夜来很会倦，今天因为提起了精神，却很兴奋，晚上译了六千字，今天一共译一万字。我的工作的速度都是起先像蜗牛那样慢，后来像飞机那样快，一件十天功夫做完的工作，大概第一天只能做2.5/100，最后一天可以做25/100。《无事烦恼》草稿业已完成，待还有几点问题解决之后，便可以再用几个深夜誊完。起初我觉得这本戏比前几本更难译，可是后来也不觉得甚么，事情只要把开头一克服，便没有甚么问题。这本戏，情调比《梵尼斯商人》[①]轻逸，幽默比《温莎的风流娘儿们》蕴藉，全然又是一个滋味。先抄几节俏皮话你看：

　　裴：现在请你告诉我，你为了我身上的那一点坏处而开始爱上了我呢？

　　琵：为着你所有一切的坏处，它们结起了联合防线，不让一点点好处混进了队伍里。但是你最初为了我的那一点好处而被爱情所苦呢？

---

① 威尼斯商人。后同。

裴:"被爱情所苦",好一句警句!我真是被爱情所苦,因为我的爱,你完全是违背本心的。

琵:我想你对于你的本心太轻视了。唉,可怜的心!要是你为了我的缘故而把它轻视,那么我也要为了你的缘故而把它轻视了;因为我的朋友所不欢喜的,我也一定不爱。

裴:我们俩人太聪明了,总不能好好儿地讲些情话。

琵:照你这句话看起来,有点不见得吧;二十个聪明人中间,也没有一个会恭维他自己的。

裴:琵菊丽丝,这是一句从前太古有道盛世,人人相敬的时代的老生常谈。当今时世,要是一个人不自己预先给自己立下了墓碑,等葬钟敲过,老婆哭了一场之后,便再不会给人记得了。

琵:那你想会有多久呢?

裴:问题就在这里。钟鸣一小时,泪流一刻钟。因此只要于心无愧,聪明人把他自己的美德宣扬,就像我现在一样,是最得策的事。我自己可以作证,我这人的确了不得。

******

琵:主啊!我怎么忍受得住一个脸上出胡子的丈夫呢?

利:你可以找到一个没有胡子的丈夫呀。

琵:我把他怎样办呢?叫他穿起我的衣裳来,做我的侍女吗?有胡子的人便不是个少年,没有胡子的人算不得成人;不是少年的人我不要,没有成人的孩子我不能嫁他。因此我愿意付六辨士①的保证金给耍熊的,让我把他的猴儿牵到地狱里去。(古

---

① 六便士。

谓女子不肯出嫁者,死后罚在阴司牵猴子。)

利:那么你要到地狱里去吗?

琵:不,只到了地狱门口,魔鬼就像一个老王八似的,头上出着角,出来见我,说,"您到天上去吧,琵菊丽丝,您到天上去吧;这儿不是给你们姑娘们住的地方"。因此我把猴子交付给他,到天上去见圣彼得了。

******

陶:听我吩咐你们的职务:瞧见流氓便要捉;你们可以用亲王的名义喝住无论哪一个人。

巡丁乙:要是他不肯站住呢?

陶:那么干脆不要理他,让他去吧;马上叫齐了其他的巡丁,一同感谢上帝,这坏蛋不再来麻烦你们。

佛:要是喝住他的时候,他不肯站住,那么他便不是亲王的子民。

陶:对了,不是亲王的子民,就不用管。而且你们不要在街上大声嚷;因为巡夜的要是高谈阔论起来,那是最叫人受不了的事。

巡丁甲:我们宁可睡觉,不要讲话,我们知道巡丁的本分。

陶:好啊,你说得真像一个老练而静默的巡丁,我想睡觉总不会得罪人的。你只要留心你们的戟儿不给人偷去就得了。要是你碰见一个贼子,凭着你的职务,你可以疑心他不是个正直良民;这种东西你越是少去理睬他们,就越显得你是个本分的人。

甲:要是我们知道他是个贼,我们要不要抓住他呢?

陶:是的,凭着你们的职务,本来是可以的;但是我想伸手到染缸里去,难免沾污了手,因此最妥当的办法,当你碰见一个贼的时候,就让他显出他的看家本事来,从你们手里偷偷地溜了去吧。

佛:要是你们听见小儿在夜里啼哭,就应当去喊奶娘给他止哭。

甲:要是奶娘已经睡熟了,听不见我们喊呢?

陶:噢,那么悄悄儿走开吧,让那孩子把她哭醒了就得了。因为要是一头母羊听不见她羔羊的"咩",自然也绝不会答应一头牛儿的"咩"啦。

******

安:好,侄女,我相信你会听从你父亲做主的。

琵:是的,我的姐姐的本分,便是行个屈膝礼,说,"爸爸,随您的意思吧"。但是虽然如此,姐姐,他一定要是个漂亮的家伙才行,否则你还是再行个屈膝礼,说,"爸爸,随我的意思吧"。

利:好吧,侄女,我希望有一天见你嫁定了丈夫。

琵:除非等到男人们不再是被上帝用泥土捏成的时候。你想一个女人给一团尘埃作了主儿去,这不怄人吗?把她的一生和一块顽泥消磨在一起!不,伯父,我不要。亚当的儿子们都是我的弟兄;真的,我以为血族结婚是一件罪恶。

利:女儿,记住我告诉你的话,要是亲王对你如此如此,你便这般这般。

琵:姐姐,要是他不周旋中节地向你求爱,那多分是音乐的错处。要是那亲王太性急了,你就告诉他万事都有个节拍,你便不瞅他跳舞下去。因为，希罗，你听我说，求婚、结婚和悔恨，就像是跳苏格兰捷格舞，慢步舞和五步舞一样：开始的求婚就像捷格舞那样的热烈而急促，充满了狂想；结婚就像慢步舞那样端庄镇静，一片的繁文缛节和陈腐的仪式；于是悔恨就跟着来了，那蹒跚无力的腿一步步沉滞下去，变成了五步舞，直至倒卧在坟墓里。

******

希：我从来不曾见过一个人逃得过她的挑剔，无论他是怎样聪明高贵、年轻漂亮。如果生得俊，她便会说那位先生应当做她的妹妹；要是生得黑，她便会说上帝正在画一张小花脸的时候，偶然用墨笔涂污了；要是个儿高，便说是管歪头的长枪；要是个儿矮，便说是块刻坏了的玛瑙坠子；欢喜讲话的，便说是随风转的风信标；欢喜沉默的，那么便是块没有知觉的木石。

******

披：有谁见过他上理发店吗？

克：不，可是有人瞧见理发师跟他在过一起呢，他脸庞上的原来那些毛毛儿早已拿去塞了网球了。

利：的确，他去了胡须以后，瞧上去比以前年轻了。

披：哼，他还用麝香擦身体呢，你们嗅不出来吗？

克：那就是说，这个可爱的孩子在恋爱了。

披：最重要的证据是他的忧郁。

克：他以前几时洗脸洗得这样勤呢？

披：是啊，而且我听人家说他还涂脂抹粉呢。

克：只要瞧他的开玩笑的脾气好了，现在他已经不再到处拉他的胡琴了。

披：对了，这是一个有力的证据。总之，他是在恋爱了。

裴：可是你们这种话不能医好我的牙齿痛呀。

******

裴：可是除了你之外，的的确确谁个姑娘都欢喜我的，我也很希望我不要那样心硬，因为我一个都不爱哩。

琵：那真是女人们的好运气，否则她们要给一个恶毒的情郎纠缠个不清了。多谢上帝和我的冷酷的心。我的脾气倒和你一样，让一个男人向我发誓说爱我，还不如听我的狗朝着乌鸦叫。

裴：上帝保佑你小姐永远这样想法吧，因为那位先生可以免去了一张命中注定给抓碎的脸孔了。

琵：倘使像尊驾那样的脸孔，就是给抓碎了，也不会变得再难看些的。

裴：你是一头少有的多嘴鹦哥。

琵：像我那样多嘴的鸟儿，比之你这种出言无礼的畜生，还好得多哩。

******

克：在我的眼中，她是我生平所见的最可爱的女郎。

裴：我现在眼睛还不曾花到要戴眼镜，可是我瞧不见你所说的那种情形。她的族妹琵菊丽丝虽然火性那样大，可是比起她来要美得多，就像阳春远过于残冬。但是我希望你没有想做新郎的意思吧？

克：我虽然宣誓过独身，可是如果希罗愿意嫁我，我一定作不来自己的主。

裴：已经到了那地步吗？真的，世上就没有一个人可以不靠着吃他妻子的醋而生活的吗？难道我永远见不到一个六十岁的童男了吗？算了吧，算了吧，真的你愿意把你的头套在枷里，让它扣住你的头颈，把每一个星期日在叹息中消度过去？瞧，唐披特洛找你来了。

披：你们不跟着利奥那托去，在这里有甚么秘密？

裴：我希望殿下强迫我说出来。

披：我用臣子尽忠的名分命令你说出来。

裴：你听，克劳底奥伯爵，我本来可以像哑巴一样守秘密的，我希望你能相信我这样，可是我要向殿下尽忠呢，听着，我要向殿下尽忠呢。——他在恋爱了。跟谁？那要请殿下亲自动问了。听吧，他的回答是多么短，跟希罗，利奥那托的短短的女儿。

克：倘使这是真的，那么就算真的。

裴：正像老古话所说，"并不是如此，也并不不是如此，但是，真的，上帝保佑不是如此"。

******

裴：哼，她把我侮辱得连木石都忍受不住呢！枯树听了她那种话都忍不住要还口，连我戴在脸上的假脸具都要活了起来跟她相骂。她不知道我就是我自己，对我说我是亲王的弄人，说我比○○还蠢，用那样不可思议的敏捷，把一句句讥讽的话掷到我身上，我简直像是一个被人当作箭垛的人，整队的大军向我发射。

******

但是人们的口味不也要换换新鲜的吗？年轻时欢喜吃肉的，

也许老来一见肉便要恶心。难道一些讽刺讥嘲,不伤皮肤的舌剑唇枪,便会把一个人吓怕而不敢照他的心思行事了吗?不,人类总要繁殖下去的。当我说"我要作独身汉而死的"这句话时,我没有想到我会活得到结婚的年龄。琵菊丽丝来了。天在头上!她是个美人儿。我有点儿看出她的几分爱情来了。

琵:人家差我来叫你进去吃饭,我心里可是老大不愿意。

裴:美丽的琵菊丽丝,谢谢你,多多有劳了。

琵:多多有劳你谢我,我可是理都不要理你的感谢。要是我怕烦劳,我一定不会来的。

裴:那么,你是很乐意来的吗?

琵:是的,因为我要看你竖起刀尖来戳一块老鸦肉吃。你的胃口怪好呢,大人。再见了。

裴:哈哈!"人家差我来叫你进去吃饭,我心里可是老大不愿意",这句话里头有点双关的意思呢。"多多有劳你谢我,我可是理都不要理你的感谢";那简直是说,"我无论怎样为你效劳,都是不算怎么一回事的"。要是我不可怜她,那么我是个混蛋;要是我不爱她,那么我是个犹太鬼子。我要向她讨小照去。

******

歌一首

不要叹息,不要叹息,姑娘,

男人全都是骗子,

一脚在岸上,一脚在海洋,

从不会至诚倒底①。
不要叹息,让他们去,姑娘,
你何妨寻芳作乐?
收拾起哀音,再不用情伤,
唱一阕甜歌欢曲。
莫唱哀歌,莫唱哀歌,姑娘,
停止你忧郁悲吟;
哪一个夏天不茂叶苍苍?
哪一个男子忠心?
不要叹息,让他们去,姑娘,
你何妨寻芳作乐?
收拾起哀音,再不用情伤,
唱一阕甜歌欢曲。

---

① 到底。后同。

赠你《古梦集》①

哥儿：

不动笔则已，一动笔总是sentimental②，我很讨厌我自己。

几天暖得像大好的春天，今天突冷，飘雪。

真想着你啊，还有好多天呢。

有人说我："说着想念你啊想念你啊的一类人，都是顶容易忘记人的。"我不知道自己究竟是不是那种人，容不容易忘记人现在也没有事实为自己证明。但如是那样能热热烈烈地恋，也能干干净净地忘却，或比不痛不痒的葛藤式的交情好些吧？作文章，写诗，我都是信笔挥洒，不耐烦细琢细磨的人；勾心斗角的游戏，也总是拜人下风的。

该有信给我了，你允许我的。

一本《古梦集》，抄得你梦想不到的漂亮，快完功③了，作礼物送给你，至少也值得一个kiss。

真愿听一听你的声音啊。埋在这样的监狱里，也真连半个探

---

① 含信两封。朱生豪曾选编抄录他写的旧体诗词，并装订成册，取名《古梦集》。后毁于战争。
② 感伤的。
③ 完工。

监的人都没有，太伤心了。这次倘不能看见你，准活不了。

哥儿是用不到我祝福的，因哥儿的本身即是祝福，是我的欢乐与哀愁的光明。

朱　2/2下午

宋：

不知怎么心里怪不如意，总觉得世界欺骗了我，不得劲，弱得希望死。能够把自己的生命弄得悲剧一些总是有意思，无可奈何的是怎么也不过是一个悲喜剧里连叫人发笑或怜悯都不配的小丑，受着运命和性格中弱点的支配，一点也做不了主宰，生活得像蚂蚁一般微末，那真太可怜了。

《古梦集》一本，已装钉①好，不久寄给你，捧着自己的心血，有点发抖，过去的终是再不回来了。

想着你。

祝福。

朱　五日

---

① 装订。

第二章

我愿意做梦和你打架儿

因为分别的缘故，朱生豪总是想在梦中和爱人见面，哪怕是做梦打架呢，也好过聚少离多，悲哀多于欢乐。可是，"越是想你，越没有梦，福薄缘悭，一至于此！昨夜好容易到将醒来时才梦见接到你一封薄如蝉翼的信，还来不及拆开看时已经醒了……"

在朱生豪的书信中，字里行间充满了对爱人的思念。天各一方，他只能哀哀地盼着能在梦中见上一面。"祝我每夜做一个好梦吧，让每一个梦里有一个你。""在梦里，我不愿意离开你""如果天可怜见，让我今夜梦里见你吧。"

如果现在你去嘉兴市朱生豪故居参观，会在门口看到一尊雕塑，朱生豪与宋清如相拥在一起，彼此依偎，雕塑的基座上有一句话，正是他在信中写给她的：要是我们俩人一同在雨声里做梦，那意境是如何不同，或者一同在雨声里失眠，那也是何等有味。

我愿意做梦和你打架儿

其实老早倦得想睡了,可是到底发了那么半天呆。

我说,我不高兴写信了,因为写不出话来。可惜我不是未来派画家,否则把一块红的、一块绿的颜色在白纸上涂涂,也好象征象征心境。

总之,是一种无以名之的寂寞,一种无事可做,即有事而不想做,一切都懒,然而又不能懒到忘怀一切,心里甚么都不想,而总在想着些不知道甚么的甚么,那样的寂寞。不是嫠妇守空房的那种寂寞,因为她们的夫君是会在梦中归来的;也不是游子他乡的寂寞,因为他们的心是在故乡生了根的;也不是无家飘零的寂寞,因为他们的生命如浮萍,而我的生命如止水;也不是死了爱人的寂寞,因为他们的心已伴着逝者而长眠了,而我的则患着失眠症;更不是英雄失志,世无知己的寂寞,因为我知道我是无用的。是所谓彷徨吧?无聊是他的名字。

吴梦窗的词,如果稍为挑几首读读,的确精妙卓绝,但连读了十来首之后不由你不打呵欠,太吃力。

没有好杂志看、好电影看也真是苦事,我一点不想看西席地米尔的《十字军英雄记》,左右不过又是一部大而无当的历史影片。我在盼望着董纳倾全力摄制的沙士比亚①《仲夏夜之梦》，卓别麟②的新作，嘉宝的Anna Karenina③，和自然色试验作的Becky Sharp④。上海不大容易看到欧洲大陆的影片，就是英国的作品也不多，从德国、意国来的极少几部，都是宣传的东西，我很希望看一些法国的名制。

有点要伤风的样子，老打喷嚏。

傻瓜，我爱你。

想你想得我口渴，因此我喝开水；想得我肚皮饿了，alas⑤，无东西吃。我愿意做梦和你打架儿，把你吃扁得喊爹爹，我顶希望看你哭。

心里不满足。祝你好。

小三麻子

---

① 莎士比亚。后同。
② 现译为卓别林。
③ 根据俄国著名小说《安娜·卡列尼娜》改编成的同名影片。
④ 英国作家萨克雷的小说《名利场》的女主人公。
⑤ 英文感叹词"唉"。

盼望见你,带着很高兴的调子

好友:

快放假了是不是,我从今天起开始盼望见你,带着很高兴的调子。我太没有野心,也许就是这一点不好,觉得仿佛只要看见你五分钟,就可得到若干程度的满足的样子。对于见面我看得较重,对于分别我看得较轻,这是人生取巧之一法,否则聚少离多,悲哀多于欢乐,一生只好负着无尽痛苦的债了。

我愿你好,热情地热情地。

不说诳的约翰　九日下午

见你见不够

宝贝：

我倦眼朦胧①地给你写信，现在是下午四点三十三分。昨夜看小说看到二点多，今天倦得想死。我不想骂你，第一因为我倦；第二因为你叫我不要骂你；第三因为我并不比你好，不配骂你；第四即使我不倦，即使你叫我骂你，即使我配骂你，我也不愿意骂你，因为你是宝贝。

为甚么我不会欢喜你向我饶舌呢？你自己懒得动笔，莫要推在我身上，我不要你那样体谅我。我多希望你一天到晚在我耳朵边咭咭呱呱，那么我永远不会神经衰弱。只要你不嫌吃力，一天对我讲四十八个钟点的话我都不会厌倦。

越是想你，越没有梦，福薄缘悭，一至于此！昨夜好容易到将醒来时才梦见接到你一封薄如蝉翼的信，还来不及拆开看时已经醒了，这种梦简直不值一个大②。

我只盼望星期，我愿意甚么事都不做，只是玩，吃东西，活着一点不快乐。

---

① 蒙眬。
② 不值一个大，是当时口语中的一种习惯讲话，即一文不值的意思。后同。

等到再看见你时,我又老了一百岁了。作算我再能看见你三十次,作算每次都是整整的一天,作算我们还有三十年好活,那么我还有10927.5天不看见你,30天看见你,这比例叫人气馁。

我爱你得很,盼你寄照片

宋:

　　你在不在发愁?

　　我在发愁,希望天下雨。不是我欢喜雨天,晴天我总希望下雨,雨天我总希望天晴。

　　今天又比昨天老了一天。

　　我爱你得很。

朱生　十五

　　你寄一张戴方帽子的照相给——不是给我,给姓朱的。我待你好。

五点半

你能来接我，我最快活

清如：

今天心里有点飘飘然。原因是：一、昨天头痛一天，今天好了；二、天很暖；三、今天星期，还要工作，虽不开心，然而机器不响，心很静，比在家或走在马路上好一些；四、已定规来杭州看你。

后天回家去，十六从嘉兴搭快车一点廿分到闸口，你能来接我我最快活。十七星期六，十八星期日，你得陪我玩，不，领我玩。多少高兴，想着终能看见你，顶好的好人！当我上次得到你的信，一眼看见"不许哭"三字，眼泪就禁不住滚下来了，我多爱你！

心里的意思，怎样也诉说不完，也诉说不出，因此而想起音乐是最进化的言语：一切"散文的"的语言文字是第一级，诗是第二级，音乐是最高级，完全依凭感觉，脱离意象而独立了。凡越朦胧则越真切。我梦想一个音乐的天国，里面的人全忘了讲话与写字。这是野话。我知道你顶明白我，但还巴不得把心的每一个角落给你看才痛快。我为莫可奈何而心痛，欲抱着你哭。

愿上帝祝福你的灵魂永远是一朵不谢的美丽的花！我能想着你，梦着你，神魂依恋着你，我是幸福的。

朱　十一下午

我真的非常想要看看你

　　天如愿地冷了,不是吗？

　　我一定不笑你,因为我没有资格笑你。我们都是世上多余的人,但至少我们对于彼此都是世上最重要的人。

　　我一天一天明白你的平凡,同时却一天一天愈更深切地爱你。你如照镜子,你不会看得见你特别好的所在,但你如走进我的心里来时,你一定能知道自己是怎样好法（这是一个很古怪的说法,不是？）。

　　一切不要惶恐,都有魔鬼做主。

　　我真的非常想要看看你,怎么办？你一定要非常爱你自己,不要让她消瘦,否则我不依,我相信你是个乖。

Lucifer

好好打扮，我来看你

爷叔：

今日星期不放假，明日起放假一星期，后天离上海，大后天的后天来看你，希望你好好打扮一下。

我欢喜你。

猪猡

你不耐烦"应酬"我，我要打你手心

宝贝：

"朱先生"是不是一种表示亲密的称呼？

你一点没有诚意，你希望我来，你请我不要来，你不耐烦"应酬"我，我要打你手心。

我待你好。

多多　九

世界书局出版的滑头古书，真令人不敢领教。今天我把附在《古诗源》后一个妄人所选的古情诗翻看了一下，那种信口雌黄真叫人代他难为情，尤其是前面那一篇洋洋数千言谈"性欲与爱情"的序文，不但肉麻，连骨头五脏六腑都会麻起来。这位先生据说是把尸位素餐的素餐解作"吃菜饭"的人，然而居然会大话起四书五经起来。当今之世，吪啥话头。

寂寞常是啮着我，惟你能给我感奋

时间过得却快，现在三点半钟了。好友！我对你只有感激的欢慰和祝福的诚挚。几天的期望，换得一整天相聚的愉快，虽而今遗留给我的只是无穷的怅惘，我已十分满足。我不欲再留恋于此，已定坐七点十五分快车一个人悄悄地离校。我知道这次我不该来，在外边轻易引不起任何的感伤，一到此便轻轻拨起了无可如何的恋旧之思。这是我自寻烦恼，你不用为我不安（老鼠爬到身上来）。这环境于我不适，我宁愿回到嚣尘的沪上。望就给信我（老鼠爬到头上）。

我不能眷怀已往的陈骸，只寄希望于将来，总有一天，生活会对于我不复是难堪的drudgery①。我十分弱，但我有求强的意志。寂寞常是啮着我，惟你能给我感奋，永远不能忘记你！

不多写，你会明白我。放假后过沪时，我从今天起再开始渴念着见你一次。现在我走了，我握你的手！

朱　二日晨四时

---

① 苦工。

我不忍飞去，当一天你还记着我的时候

清如：

一向我从不以离别为一件重大的事，而今却觉得十分异样。说些甚么话吧，却也说不出来。

想不到你竟会抓住我的心，你纯良的人！然而我也未尝没有逃避的可能。但我不忍飞去，当一天你还记着我的时候。

不忙就回去吧？明天约你到西湖里再坐一次划子，去不去告我。回去的话，一定通知我甚么钟点，好送你行。你去了之后，不，没有甚么。

朱　廿二晨

在梦里我不愿离开你,永远

清如:

凄惶地上了火车,殊有死生契阔之悲,这次,怕真是最后一次来之江了。颇思沉浸六个钟头的征途于悲哀里,但旋即为车厢内的嘈杂所乱,而只剩得一个徒然的空虚之怅惘了。八点多钟回到亭子间里,人平安。

你会不会以为我这次又是多事的无聊?我愧不能带给你一点美好的事物,并不能使自己符合你的期望。每次给你看的一个寒碜的灵魂,我实不能不悲哀自己的无望。我没有创造一个新命运的勇气,不,志愿,又不能甘心于忍耐。正同你说的,我惟蕲速死,但苦无死法,人生大可悲观。人云,难得糊涂,虽糊涂的骨子里实具有危险,我苦于不能糊涂。

但只你我的友情存在一天,我便愿意生活一天。如果我有时快乐,那只是你美丽的光辉之返照。我不能设想有一天我会失去你,那是卑劣的患得患失的心理,我知道。我相当地爱我每一个朋友以及熟识的人。可能的话,我也愿爱人生和举世一切的人,但我是绝对地爱你,我相信。我希望这不是一个盲目的冲动,我该不能再受感情的欺骗了。

这次给我一个极度美丽的记忆,我不能不向你致无量感激敬爱之忧。我害怕我终不会成为你的一个真的好朋友，因我是一个不好的人，但我愿意努力着，只要你不弃绝我。

谁知道我们以后还会不会会见了！哀泣着的是这一个失去了春天的心。春天虽然去了，还能让它做着春天的梦吗？虽然是远隔着，在梦里我不愿离开你，永远。

愿你真的快乐，好人！

朱　十八夜

一想你来,你总是小得可以藏在衣袋里

好:

我希望世上有两个宋清如,我爱第一个宋清如,但和第二个宋清如通着信,我并不爱第二个宋清如,我对第二个宋清如所说的话,意中都指着第一个宋清如,但第一个宋清如甚至不知道我的存在。要你知道我爱你,真是太乏味的事,为甚么我不从开头起就保守秘密呢?

为甚么我一想起你来,你总是那么小,小得可以藏在衣袋里?我伸手向衣袋里一摸,衣袋里果然有一个宋清如,不过她已变成一把小刀(你古时候送给我的)。

我很悲伤,因为知道我们死后将不会在一起,你一定到天上去无疑,我却已把灵魂卖给魔鬼了,不知天堂与地狱之间,许不许通信。

我希望悄悄地看见你,不要让你看见我,因为你不愿意看见我。

我寂寞,我无聊,都是你不好。要是没有你,我不是可以写写意意地自杀了吗?

想来你近来不曾跌过跤?昨天我听见你大叫一声。假的,骗

骗你。

愿你好好好好好好好。

米非士都非勒斯① 十三

---

① Mephistopheles,现译为靡非斯特。歌德诗剧《浮士德》中的魔鬼。

我不准你比我大

小妹妹：

你那里下雪，我这里可是大晴天。如果你肯来上海，那么我就不来杭州了，我最怕到杭州来的理由是要拜望老师。而且到十五六里，我的钱又要用得差不多了。

我不准你比我大，至少要让我大你一岁或三个月。要是你真比我大，那么我从今后每年长两岁，总会追及你。明天起我就自认廿五岁，到秋天我再变成廿六岁。其实我愿意我的年纪从遇见你以后才正式算起，一九三三年的秋天是我一岁的开始，生日待考。自从我们离别以后，我把每个月算作一年（如果照古老话一日三秋，那是太过分些），如是到现在约已有三十个月，因此我现在已满三十一岁。凡未认识你以前的事，我都愿意把它们编入古代史里去。

你在古时候一定是很笨、很不可爱的，这我很能相信，因为否则我将伤心不能和你早些认识。我在古时候有时聪明有时笨，在第十世纪以前我很聪明，十世纪以后笨了起来，十七八世纪以后又比较聪明些，到了现代又变笨了。

我从来不曾爱过一个人像爱你那样的，这是命定的缘法，我相信我并不是不曾见过女孩子。你真爱不爱我呢？你不爱我，我要伤心的，我每天凄凄惶惶地想你。我讨厌和别人在一起，因为如果我不能和你在一起，我宁愿和自己在一起。

暂时搁笔，你笑我傻也随你。愿魔鬼保佑我们，因为他比上帝可爱一些。

伊凡叔父　六日午

梦魂不识路,何以慰相思?

阿姐:

你走了,我很寂寞,今夜不知你在甚么地方,梦魂不识路,何以慰相思?

人静之后,夜的空气甜柔得有些可爱,无奈知心人远,徒增惆怅耳。旅途倦乏,此刻你一定已睡得好好儿的了。如果天可怜见,让我今夜梦里见你吧。

愿煦风和日永远卫护着可爱的你,愿你带着满心的春笑回来。

爱丽儿　廿八

昨天看了本影戏(有甚么办法呢!),打倒了胃口,今天不想出去了。你玩得高兴不高兴?

卅

望你来我家

语云，秀色可餐，这是一句东方文明的话。东方人看见一个美人，就用眼睛和灵感去餐她的秀色。而且他们不单是餐人的秀色，还要餐山水的秀色，餐花草的秀色，餐文章诗词图画的秀色！他们餐着这种无实感的东西，就像我们的祖先在祭祀时只吞些酒食的蒸汽一样。我是连茶香酒味都不能领略的人，人家如款我以秀色，我将敬谢不敏，有时我对你说的我要吃了你，那是从头到脚连衣服鞋袜一起在内整个儿地把你吞下肚里去的意思，是非常野蛮的馋欲，你会不会吓得哭起来了呢？

我知道你未必肯到我家里来玩玩，不过我很希望几时有便，你能来一次。我近来对我的家很有好感。自从初小毕业之后，我因走读方便之故，就寄住在姑母家里，从高小到中学几年，大半时间都在姑母家。我不大欢喜她家，因为她家在城内，房子不很大，因人多很有些挤，而且进出的人很热闹，我老是躲在楼上。高小一毕业，我便变成孤儿了，因此一生中最幸福的时间便是在自己家内过的最初几个年头。我家在店门前的街道很不漂亮，那全然是乡下人的市集，补救这缺点的，幸亏门前临着一条小河，常常可以望那些乡下人上城下乡的船只，当采桑时，我们每喜成天在河边数着一天有多少只桑叶船摇过。也有渔船，是往南湖捉鱼虾蟹类去的，一只只黑羽的捉鱼的水老鸦，齐整整地分列在两旁，有时有成群的鸭子放过。也有往南湖去的游船，船内有卖弄风情的船娘。进香时节，则很大的香船有时也停在我们的河埠前。也有当当敲着小锣的寄信载客的脚划船，每天早晨，便有人在街上喊着"王店开船"。也有载着货色的大舢板船，载着大批的油、席子、炭等的东西。一到朔望烧香或迎神赛会的节期，则门前拥挤得不堪，店堂内挤满了人。乡下老婆婆和娘娘们都头上插着花，打扮着出来谈媳妇、讲家常，有时也要到我家来喝杯茶。往年是常有瓜果之类从乡下送来的。但我的家里终年是很静的，因为前门有一爿店，后门住着人家，居在中心，把门关起来，可以听不到一点点市廛的声音。我家全部面积，房屋和庭园各占一半，因此空气真是非常好，有一个爽朗的庭心和两个较大的园，几口小天井，前后门都有小河通着南湖，就是走到南湖边上也只有一箭之遥。想起来，曾有过怎样的记忆呵。前园中的大柿树每年产额最高纪录曾在一千只以上，因为太高采不着给鸟雀吃了的也不知多少，看着红起来了时，便忙着采烘，可是我已五六年不曾吃到自己园中的柿子了。有几株柑树，所产的柑子虽酸却鲜美，枇杷就太酸不能吃。桂花树下，石榴树下，我们都曾替死了的蟋蟀蜻蜓叫哥哥们做着坟。后园的门是常关的，那里是后门租户人家的世界，有时种些南瓜、大豆、青菜、玉蜀黍之类。后园的井中曾死过人，禁用了多年，但近来有时也汲用着，不过乘着高兴而已，因为水是有店役给我们在河里挑起来的。有时在想象中觉得我的家简直有如在童话中一般可爱，虽然实际一到家，也只有颓丧之感，唤不起一点兴奋来。

我姑母家就不然，喧噪代替了冷静，城市人的轻浮代替了乡下人的诚朴，天天不断着牌声。谈起姑母家的情形，也很是一幕有趣的包罗万象的大家庭的悲喜剧。姑夫是早死了，我不曾见过面，他家是历世书香，祖上做过官府，姑夫的老太爷（我曾见过面）当年也是社会闻人，在维新和革命后，地方上也尽过些力，就是嘉兴有黄包车，他也是最初发起的一个。他有一个相貌像老佛似的大太太，前几年八十多岁死了，和一个从天津娶来的姨太太（现还在着），倒是很勤苦的一个。大太太生了七个孩子，四、六早殇，姨太太无出。我姑夫居长，也是个短命的，他的两女一儿，我的大表姐嫁在一家富商人家，很发福，但也很辛苦，养了六个男女孩子。表哥因当年偷跑出来在陈英士手下当学生军，便和军队发生了关系，后来学了军医。曾有一时在家闲着作名士，那时他天天发牢骚，带着我上茶馆跑夜路，那种生活想起来也很有趣。后来在冯玉祥、吴佩孚军中，辗转两湖西北中原各地，此刻也有了上校衔头，在汉口娶的妻是基督徒，生了儿子叫雅谷。第二个表姐也三十六七岁了，没有嫁人，姑母很着急，但我看来不嫁人也没甚么关系，此刻就嫁出去也不见会嫁得着如意郎君，左右替人当当家、管管孩子，有甚么意思？她自己恨的是早年失学，不能自己谋生，但实在人很能干。姑夫的第二个兄弟也不长寿，他的寡妇是一位很随随便便的太太，生活十分清贫，但有些自得其乐。儿子存着两个，大的跟叔父在四川，从不寄一个钱回来给母亲，小的在家乡米店里当伙计，吃苦耐劳，克勤克俭，把每月五六块钱工资换米来养娘，大家都称赞他。三老爷在四川做了半世穷官，殁殁他乡，生后萧条。老五是个全福之人，也在四川，当电报局长，颇有积蓄，夫妻健在，儿女无缺，儿子在北大读书，是很阔的大少爷。老七是个落魄汉，不事生产，在家乡别居着，因为文才尚可，写得一笔秀丽的字，替人写写状子，报馆里做做访员。常常衣不蔽体，履穿踵决，有时到家里来敲敲竹杠，寻寻相骂，鸦片瘾很深，牢监也坐过，女儿已卖了。我猜想在中国这种家庭也不少。

今天你还没有信来，别的没有甚么，我不知你究竟人好不好，很是挂心，使我不能安定。祝福你！无限的依恋。

廿

嘉兴没有一个高贵清华的少女，如你

姐姐：

今天早上弄堂里叫卖青梅，喊着："妹子要哦妹子？亲妹子，好妹子，好大格亲妹子要哦？"

真的我这么许久不见你了，不知道几时才能托上帝的福再见你一次，今天是风雨凄凄，思想起来好不伤心人也。

××很客气地来信请我端午节到家里去做客人，但要我衣裳穿得楚楚一点，因为他的太太不大看得惯寒酸（或者好听一点说，落拓不拘细节）的样子。实在，我对于故乡的姑娘儿们是只有叹气的，尤其是暴发户气息的小商人阶级的女儿。嘉兴是太充满商人味儿的城市，你走遍四城门也找不到一个高贵清华的少女，当然更绝对产生不出宋清如那样隽秀的才人。

我要多么待你好，每两分钟你在我心里一次，祝福你。

弟弟　星期日

我和虞山的缘分，正像和你的一样悭

清如：

真的我忘了问你，为着多说闲话的缘故，你生的那东西完全消退了没有？

居然还有人约我游虞山去，即使有这兴致，你想我会不会去？除非去跳崖（那倒是一个理想，不让甚么人知道，也不让你知道，等你回到家乡的时候，你想不到我的幽魂就在离你咫尺之间），否则倘你不在常熟，我怎么也不会到那里去的，虽然即使你在家，我还会不会再来也成为问题。即使我愿意来，你敢不敢劳驾我当然更成为问题。总之我和虞山的缘分，正像和你的一样悭，将来也只有在梦想中再作寂寞之孤游而已。

肯不肯仍旧称我为朋友？你的冷酷的语调给了我太凄惨的噩梦，我宁愿你咒我吐血。虽然蒙你说过你爱朱朱的话，我是不愿把你一时激动的话当作真实的，只要你不怕我，像怕一切人一样，我就满足了。

嫌不嫌我絮渎？

愿你无限好。

第三章
醒来觉得甚是爱你

恋爱里的人儿，只觉得世界大，爱人远。你在时，你是全世界，你不在时，全世界是你，连梦里也不放过。朱生豪的眼里心里，满满的全是宋清如，不知道要怎样疼爱才好。

他给她写信，总是用一些稀奇古怪、甜蜜浪漫的称呼和署名，既生动形象地表达了写信时的心情，又带着恶作剧的调皮。

她是姐姐，他是弟弟；她是蠢孩子，他是大坏狼；她是好人，他是朱儿；她是我的小宝宝，他是朱大叔；她是小姐，他是堂·吉诃德；她是好友，他是不说谎的约翰；她是爷叔，他是猪猡；她是清如贤弟，他是吃笔者；她是傻丫头，他是黄霸天；她是好人，他是你脚下的蚂蚁。

他的自称另外还有伤心的保罗、快乐的亨利、丑小鸭、吃笔者、阿弥陀佛、和尚、绝望者、蚯蚓、老鼠、罗马教皇、魔鬼的叔父、哺乳类脊椎动物之一、臭灰鸭蛋、牛魔王……

他亲昵任性地称呼她：阿姐、傻丫头、小妹妹、小弟弟、哥儿、青女、宝贝儿、无比的好人、宋神经、天使、女皇陛下、宋姑娘、小姐、挚爱的朋友……

自己的落款更是别心出裁：你脚下的蚂蚁、伤心的保罗、快乐的亨利、丑小鸭、综合牛津字典、常山赵子龙、大坏狼。

朱生豪把对宋清如的爱都写到了信里。在信里，他们的身份和角色一时一变，不管对方是甚么，自己都是最般配的那一个。

如果一个人乱叫你的名字，如果他无理取闹，那他一定爱你。

我巴不得永远和你厮守在一起

宝贝：

现在是九点半，我想你大概已经睡了，我也想要睡了。心里怪无聊的，天冷下雨，没有东西吃，懒得做事，只想倚在你肩上听你讲话。如果不是因为这世界有些古怪，我巴不得永远和你厮守在一起。

你说我们前生是不是冤家？我向来从不把聚散看成一回事，在你之前，除你之外，我也并非没有好朋友，不知道为甚么和你一认识之后，便像被一根绳紧紧牵系住一样，怪不自由的，心也不能像从前一样轻了，但同时却又真觉得比从前幸福得多。

不写了，祝你快乐！

十九夜

满心里都是你,想你有时要想得哭

清如:

在家里过了三夜,倒并不如想象得那样无聊,全然忘了一切,无所为地高兴起来,家里的婚事只是小热闹一下,一切像儿戏般玩着,那位弟妇我不知叫她甚么好,终于叫她做嫂嫂,比你大得多,不是孩子样儿。大表姐的第六个孩子,最小的甥女,和我很要好,陪着她玩。她的四哥在兄弟姐妹间乡气最重,是个戆大,人很忠厚,但不惹人欢喜,被妹妹欺侮得哭起来,我过意不去,领他到乡野里走,他很快活,虽然似乎很笨,对于大自然却很敏感,看见骑在牛背上的牧童,很是羡慕,说脱下长衫去做看牛童子,一定很写意。徘徊旧游地,那些静寂如梦的old spot①,对于灵魂是一种苏醒。我曾指点给孩子们我从前读书的小学,我对我的各个母校都眷眷不忘。我的中学时期是最枯燥颓唐的一段。

昨夜回到自己房间里,才看见你一日所写的信,于六日到上海。我气量②确不大,平时勉力自扩,然有时无可如何,心里过

---

① 陈迹。
② 应作器量。

于气闷之时，一遇可乘之机，便要借此泄泄郁恨，别人也许会认真，但你好得很，从不跟我闹气，因此我对你甚么话都不怕说出来，否则真会很差的。

到家里我可以不想你，但一回到上海，便满心里都是你，想你有时要想得哭，但不想更无聊。

我不想望甚么，但愿一生有得好东西吃，他无所也不敢希冀，如祈福，我愿我有一个美满的来生，更愿来生仍能遇见今生的朋友以及永别的爱者们。

今天去看盼了好久的银幕上的《块肉余生》[①]，迭更斯[②]的作品，即使还不能达到艺术的最高峰，总是非常富有感情的文字，我读他的小说总不能不流泪，电影上也有好几块能使软心的人呜咽、硬心的人心软的地方，但一般而论，迭更斯的作品结构都失之散漫，因此改编为电影，很不易讨好，全剧精彩的地方，都只在各片段。但制片者的努力是很可佩的，那么一本大书，那样复杂而多方面的故事，竟能如此有条不紊、简洁而无遗漏地演了出来。这片是All Star Cast[③]，内中人才很不少，但真做得好的，却似乎只扮演大卫童年的一角，那个孩子应该是不让贾克古柏的。

在广东店里悄悄地吃了一碗叉烧蛋炒饭，便乘雨回家。今天虽是星期一，又天雨，而戏院仍满满的。

弟　朱某顿

[①] 狄更斯的作品，现译为《大卫·科波菲尔》。
[②] 现译为狄更斯。后同。
[③] 全明星阵容。

我为之江恋你

清如：

　　天一晴，就暖，一阴一雨，就冷。今天又下雨了。然而晴雨终引不起我任何感兴，随便怎么总是一样的。但你的每一封信，给我的喜悦，却也可说是一线阳光的照耀，也可说是一阵甘霖的滋润。即使是深知如你也没法想象你的一句轻轻的话，对于我有何等感激奋发的力量。

　　人真是感到辛苦得很，巴不得有一个月休息才好。如不是你安慰着我，我真不乐此身，老是这样活下去在这种寂寞的地方，真不是可以开玩笑的。何况心里的冤屈诉说不尽，我简直不愿想起从前的一切。除了你之外，我愿意忘记一切，一切都只是梦而已，只让我相信你是真实，我爱你是无限的。

　　不要对自己失望，你有很好的天赋，作品的内容是会随生活经验而丰富起来的，至于读书乃是一种助力和修养，我永远期望你比我有出息一些。

　　想起你在杭州的时候大概不会多了，我为之江恋你。

　　愿你永远快乐！

朱朱　十日傍晚

十八天了,她还是没有来

亲爱的朋友:①

心头像刀割一样痛苦,十八天了,她还是没有来。

我知道我太不配接受她的伟大而又纯真的爱,因此所享受的每一份幸福,必须付出十倍于此的痛苦做代价,因此我便忍受着这样的酷刑。

她是个太善良的人,她对谁都那么顾恤体贴;她也是个太老实的人,她说的话都没有半分虚伪。她不会有意虐待我,或对我失信。可是她是个孝顺不过的女儿,在她母亲强有力的意志下,我的脆弱的感情,只好置之不顾了。我能怨她吗?不,我因此而更爱她。

亲爱的朋友,恕我把你和她做一个比较,你是我所认识的人中最可爱最完美的一人,可是她的美丽、她的可爱,永远是发掘不尽的宝藏。你只是她过去生命中的一部分,是她美丽的灵魂投射在我心镜上的一个影子,因为我的感受力非常脆弱,不能摄取她的美丽灵魂的全部,然而我所能摄取的却已经深深地锁在我的

---

① 此信第一页(双面)缺失。因为原信蛀蚀比较严重,有一些字已经无法分辨了。

记忆里，没有甚么力量可以把它夺去。

迷迷糊糊地睡了一觉，醒来就盼望天明，不料邻家的钟才敲上一点，这时间怎样挨过去。起来点了火，披上衣裳，坐在被窝里，写上几行，反正你也不在这里。她们也不在这里，一个人由得我发疯。

明天大概不会下雨了，历本上说是好日子。你没有理由再不回来。要是你再不来，那我必须在盼望你的焦虑上，对你的平安忧虑了。最亲爱的人，赶快回来吧！大慈大悲的岳母大人，请你体恤体恤一个在热恋中的孩子的心，不要留着她不放吧！她多住三天两天，在你是不知不觉中很快过去了，可是她迟回来一天，这一天对我是多么漫长的时间啊！

但愿你平安着！

听见邻人家孩子呼唤母亲的声音，就勾起我失母的悲哀。二十年了，她的慈爱的音容，还是那么深刻在我的心上。我不愿把一般形容母亲的"慈祥"二字放在她的身上，因为她到死都只是一个□□的好心情的孩子。你是一个有母亲的人，你一定不会想到一个早年失母的人，是怎样比人家格外希望有一个亲切的人永远在他的身边。

今天濂姐①回来，给她的母亲放衣服，我见了她，忍不住要哭。……

今年的春天，我们婚后第一年的春天，是这样成为残缺了，我为了思念你而憔悴。

---

① 朱生豪的表姐曹思濂。

梅花在你去了以后怒放，连日来的风雨，已经使她消瘦了大半。她还在苦苦地打叠起精神，挨受这风朝雨夕，等候着你的归来。

昨夜一夜天在听着雨声中度过，要是我们俩人一同在雨声里做梦，那境界是如何不同，或者一同在雨声里失眠，那也是何等有味。可是这雨好像永远下不住似的，夜也好像永远过不完似的，一滴一滴掉在我的灵魂上，无边的黑暗、绝望，侵蚀着我，我□□着做噩梦。

要是这雨再阻延了你的归期，我真不知道我怎样还有勇气支持下去。每一天是一个无期徒刑，挨到天黑上了床，就好像囚犯盼到了使他脱罪的死亡，可是他还不知道他的灵魂将会上天堂或下地狱。要是做梦和你在一起，那么我的无恨的灵魂便是翱翔在天堂里，要是在噩梦或失眠中度过，那就是在地狱里沉沦。天堂的梦是容易醒的，地狱的苦趣却漫漫无尽，就是这一夜天便等于一个永劫。好容易等到天亮了，又开始了一个新的无期徒刑。

我不愿向上帝祷告，因为他是从来不听人的话的，我只向你妈祷告。好妈妈，天晴了赶快放她走吧！

天气是那样捉摸不定，又括①起风来。要是你今天来了多好。一定是你妈出行要拣好日子，明天下了雨怎么办？我一定经受不住第二次的失望，即使那只仅是一天的距离。今夜是无论如何不能入睡的了。

---

① 刮。后同。

明天，明天，明天，明天该是这半月来最长的一天，要是你不来，那一切都完了。

(二十日)

昨晚听了一夜的雨声，今天起来眼看着天色如此阴沉，心里充满了难言的悲哀。于是讨厌的雨又下起来了。下午抱着万一的希望，撑了伞走到烂泥的马路上，到车站去候你，结果扑了个空，回来简直路都走不动了，眼前只是昏沉沉的一片。今天她们都吃喜酒去了，剩下我一个人，中饭吃了半碗冷粥、□碗□□，晚饭吃了一碗冷开水淘冷饭，独身生活也过了这么许多年了，从来没有像现在这样凄凉过。

大概你夜车是不会来的，即使来我也再没有勇气到车站来接你。明天也许会晴了，我希望你的不来只是为了天气的理由。

亲亲，在我们今后的生活里，是不是要继续重复着这样难堪的离别呢？想起来真太惨人！为甚么我们不能每时每刻都在一起呢？

(二十一日)

又下雨了，这雨大概是永远下不完的，你也永远不会再回来了。

睡着了梦里也是雨声，醒来耳边也是雨声，我的心快要在雨声中溺死了。我没有再希望的勇气，随便天几时晴吧，随便你几时来吧，我都不盼望了，让绝望做我的伴侣。昨晚写了一封快信想寄出，可是想不出它有甚么目的，还是不要寄，让你想象我是乖乖的，不要让我这Intruder①破坏了你的天伦之乐吧。

我一点不怪你，我只是思念你，爱你，因为不见你而痛苦。今天零点多钟便起来望天色，写了这几句话。我一点不乖，希望你回来骂我，受你的打骂，也胜于受别人的抚爱。要是我们现在还不曾结婚，我一定自己也不会知道我爱你是多么的深。

虽然明知你今天不会来，仍然到车站望了一次。雨停了，地上收干了，鹁鸪也不叫了，空气中冷得厉害，明天你总不要再使我失望了吧？

只要仍然能够看见你，无论挨受怎样的痛苦都是值得的，可是我们不能不为我们浪费的年华而悲惜。我们的最初二十年是在不知道彼此存在中过去的。一年的同学，也只是难得在一处玩玩，噩梦似的十年，完全给无情的离别占夺了去，大半段的生命已经这样完结了，怎么还禁得起零星的磨蚀呢？

梅花已经零落得不成样子了，你怎样对得起她呢？

今天以愉快的期待开始，好鸟的语声催我起来，阳光从东方的天空透出，希望能有一个happy ending②，结束这十多天来的

---

① 闯入者。
② 愉快的结局。

悲哀。忙着把久未收拾的房间清理了一个早晨,现在还没有吃过早餐(昨天早上陆弟拿进一碗白米粥来,我吃了两顿,晚饭吃了一只粽子),坐下来写这几行。抬头望着窗外,我真不忍望那憔悴的梅花,可是园南的桃柳欣欣向荣,白云是那么悠悠地飘着,小鸟的鸣声依然好像怪寂寞的,要是这空气里再有了你的笑语□□,那么春天真的是复活了。相信我,这许多天来我不曾对你有丝毫抱怨,可是今天你再不来,我可不能原谅你了。

想不到今天又是这样过去,我希望明天还是下雨吧,因为晴天只是对我的一个嘲笑。

第三次从车站上拖着沉重的脚步归来,头痛,腰酸,身上冷得厉害,我的精神已经在这几天完全垮了。

为甚么?为甚么?为甚么?

二十三日下午

我多么愿意自己是个诗人,只是为了你的缘故

小姐姐:

你好?我……没有甚么,很倦,又不甘心睡,也不愿写信。

家里有没有信?我希望你母亲早已好了。

又一星期过去,日子过得越快,我越高兴。我发誓永不自杀,除非有一天我厌倦了你。

每天每天你让别人看见你,我却看不见你,这是全然没有理由的,我真想要你喂奶给我吃。

有人说我胖了,我完全不相信,你相信不相信?你现在生得是不是还像我们上次会面时一样?也许你实在很丑也说不定,但我总觉得你比一切的美都美,我完全找不出你有任何可反对的地方,我甘心为你发痴。

如果你不欢喜我说这样话,我仍然可以否认这些话是我说的,因为我只愿意说你所欢喜听的话。

我是属于你的,永远而且完全地。愿你快乐。

专说骗人的诳话者 十一夜

如果我想要做一个梦,世界是一片大的草原,山在远处,青

天在顶上，溪流在足下，鸟声在树上，如睡眠的静谧，没有一切人，只有你我，在一起跳着飞着躲着捉迷藏，你允不允许？因为你不允许我做的梦，我不敢做的。我不是诗人，否则一定要做一些可爱的梦，为着你的缘故。我不能写一首世间最美的抒情诗给你，这将是我终生抱憾的事。我多么愿意自己是个诗人，只是为了你的缘故。

只有你是青天一样可羡

清如：

　　昨夜我做了一夜梦，做得疲乏极了。大概是第二个梦里，我跟你一同到某一处地方吃饭，还有别的人。那地方人多得很，你却不和我在一起，自管自一个人到里边吃去了。本来是吃饭之后，一同上火车，在某一个地方分手的。我等菜许久没来，进来看你，你却已吃好，说不等我要先走了，我真是伤心得很，你那样不好，神气得要命。

　　不过我想还是我不好，不应该做那样的梦，看你的诗写得多美，我真欢喜极了，几乎想抱住你不放，如果你在这里。

　　我想我真是不幸，白天不能困觉，人像在白雾里给甚么东西推着动，一切是茫然的感。我一定要吃糖，为着寂寞的缘故。

　　这里一切都是丑的，风、雨、太阳，都丑，人也丑，我也丑得很。只有你是青天一样可羡。

　　这里的孩子们学会了各色骂人的言语，十分不美，父母也不管。近来哥哥常骂妹妹泼婆。妹妹昨天说，你是大泼婆，我是小泼婆。一天到晚哭，闹架儿。

　　拉不长了，祝你十分好！六十三期的校刊上看见你的名字三次。

朱　　初三

梦里我总是英雄

回答我几个问题：

1.我与小猫哪个好？

2.我与宋清如哪个好？

3.我与一切哪个好？

如果你回答我比小猫比宋清如比一切好，那么我以后将不写信给你。

4.我要不要认得你？

5.小猫要不要认得你？

6.小猫要不要认得我？

说起来很惭愧，昨夜我做梦，梦里我总是英雄，而且比醒的时候多情得多。因为英雄自古必多情，醒时不过是阿Q的兄弟阿R，自然只好不多情了。想想看多么好笑，我不给你信，你就会干死、枯死，那么我即使不爱你也只得爱你了。好，后天晚上同你捷克斯拉夫京城里看电影去。

你是世上最可爱的老太婆

澄哥儿:

今天天气很好,心里有点松快,可是又闷得快要闷死的样子,要是身边有钱,一定在家里坐不住。你不知道那个 Flaubert①多少可恶,净是些古怪的生字,叫人不耐烦看下去。唉,我昨夜做的梦真有趣,尸首从床板上跳起来,身上还淋着脓,哎,啧啧,我一看不对,连忙奔下楼。昨天不是我说我多么爱你吗?这种话你不用听就是,因为我怎么能自己知道我爱不爱你呢?天晓得你是多么好!我要是从来不曾读过英文就好了,那种死人工作恨一百年都恨不尽。今天才初八,还要等你至少一星期,真心焦!唉,我透了一口长长的气。你说我写些甚么好呢?我甚么话都没有,你只痴痴地张大了眼睛(我说的是你的照相),一句话也不响。要是谁带点糖来给我吃吃就好了。如果我亲你的嘴,你打不打我耳光?我真不高兴,真怨。你房间里冷不冷?情形真是一年坏一年……不说了。我在梦里筑了一座宫堡,那地方的风景真是好极了,你肯不肯赏光常来玩玩?我特为你布置了一间房间,所有房间中最好的一间,又温暖又凉爽又精巧又

---

① 法国作家福楼拜。

优雅。窗外望出去的山水竹树花草,朝晨的太阳,晚来的星月,以及飞鸟羊群,都是像在一个神奇的梦境里。你这间房间我每天吩咐一个美秀的小婢打扫收拾,但别人不许进去一步,即使你永远不来也将永远为你保存着。我真不知道要怎样才好,早早死了就好了,做人真没有趣味。谢谢撒但①的父亲,日子快些过去才好!你已经三十岁,是个老太婆了,实在日子过得真快,我还亲眼看你从娘肚子里一、二、三开步走地跑出来呢,那时我还是个毛头小伙子,如今老了,不中用了,国家大事被后生小子弄得一团糟,也只好叹口气罢了。总而言之,还是让我以这垂朽的残生爱着你直到死去吧!你是世上最可爱的老太婆。

傻老头子

---

① 撒旦。

醒来觉得甚是爱你

昨夜我看见郑天然向我苦笑。你被谁吹大了,皮肤像酱油一样,样子很不美,我说,你现在身体很好了,说这句话,心里甚为感动,想把你抱起来高高的丢到天上去。醒来觉得甚是爱你。

这两天我很快活,而且骄傲。

你这人,有些太不可怕。尤其是,一点也不莫名其妙。

朱

我只想吃了你，吃了你

你相不相信"一见钟情"这句话？如果不相信，我希望你相信。因为昨天有一个人来看我，我们看影戏，我们逛公园，她非常可爱，我交关欢喜她。我说，她简直跟你一样好，只不知道她是不是便是你？也许我不过做了个梦也说不定。

亲爱的小鬼，我要对你说些甚么肉麻的话才好耶？我只想吃了你，吃了你。

鸭　廿五

我愿意舍弃一切,以想念你终此一生

昨天上午安乐园冰淇淋上市,可是下午便变成秋天,风吹得怪凉快的。今天上午,简直又变成冬天了。太容易生毛病,愿你保重。

昨夜梦见你、郑天然、郑瑞芬等,像是从前同学时的光景,情形记不清楚,但今天对人生很满意。

我希望你永远待我好,因此我愿意自己努力学好,但如果终于学不好,你会不会原谅我?对自己我是太失望了。

不要愁老之将至,你老了一定很可爱。而且,假如你老了十岁,我当然也同样老了十岁,世界也老了十岁,上帝也老了十岁,一切都是一样。

我愿意舍弃一切,以想念你终此一生。

所有的恋慕。

蚯蚓　九日

我渴望和你打架,也渴望抱抱你

宋:

你前儿那封信里说的话一通也不通,懒得驳你了。世上没有甚么人会爱你,因此只好自己骗骗自己说恋爱是傻了。顶聪明的人都是爱寻烦恼的,不寻烦恼,这一生一世怎么度过去?理学先生都有说不得的苦衷。活人总是常戚戚的,死人才坦荡荡。

我渴望和你打架,也渴望抱抱你。
你这恼杀人的小鬼。不要因为我不爱你而心里气苦。

岳飞 三月二日

你很苦,真是,谁也不疼你,快钻到被头里去哭吧。

三等无轨电车里两个女人打架,今天总算得到了点thrilling[①],女人打架,照例我总是同情比较好看一点的那个,事实是女人跟女人相打,总是彼此毫无理由的多,要判断谁曲谁直,永远是不可能的。

---

① 令人兴奋的事。

天实在太暖了,趁着好的太阳光,多走走路吧,不要闷着等死,你如要等死,死便不肯来的。

我只想变做个鬼来看你

宋：

你的字写得真不好看，用横行写比较看上去齐整些。

这里连雪的梦都不曾做过，落在半空中便化为雨了，我们也不盼雪，根本没甚意思，还是有太阳可以走动走动活泼一些。一九三六年是在这阴惨的日子里开始了的，昨天的过去，不曾给我牵情的系恋。本来抵庄一个人在外边流浪一天的，看了一场早场电影《三剑客》，很扫兴，糖也不买，回来咕嘟着嘴躺在床上昏昏沉沉地看《醒世姻缘》泼妇骂街了。

天初冷时很怕冷，冷惯了些时却根本不觉得甚么，每天傍晚或夜间，不论风雨，总得光着头在外边吹了一遍冷风回来。

有闲钱，自己印几本诗集送送人，也是无可无不可的玩意儿，只要不像狗屁一样臭，总还不是一件作孽的事。只是不要印得多，也不要拉甚么臭名人做臭序捧场，印刷纸张装订要精雅玲珑，分送分送亲近的朋友，也尚不失为风雅。可是不出诗集最好，因为这种东西实在只是自己写给自己看的。

我只想变做个鬼来看你，我看得见你，你看不见我。总有一天我会想你想得发痴了的。

我不要有新的希望，也不要有新的快乐，我只有一个希望，这希望就是你，我只有一个快乐，这快乐就是你。祝愿魔鬼不要使我们的梦太过匆忙地结束，凭着Lucifer的名字，Amen①！

Julius　Caesar②

---

① 阿门。
② 恺撒大帝，尤里乌斯·恺撒。

你是我的天使[1]

老姐：

　　来信只有"□□□□□□□若说□□□□□□□□□□没有写别字的先生，那么写别字的学生"一句话算是可爱的诡辩，此外似乎很有些缺少sportsmanship[2]的样子。

　　你自己对于自己的批评我是向来不要听的，你说你笨，你坏，你不好，你无情，你凶，都是太恭维了你自己，因为我最佩服这类人，而你则尚不够资格。至于说我给你装饰，那么不知道几时我曾给你涂过脂粉画过眉毛？

　　你知不知道一句古老的话，太阳底下没有新的事物？我不用再告诉你宇宙是一个大的鸟笼了，你是年轻得可怕！

　　我不许你不许我这样不许我那样。

Lucifer

中华民国5×5年5月5×5日5时5×5分

---

[1] 含信四封。
[2] 运动员精神。

P. S.我的自名为"Lucifer"不过是僭窃名号,聊以自娱而已,但比起你来,确乎我更有做魔鬼的资格,而只好委屈你做天使了。

宋:

庄××君很可同情,我对于吃笔①的人总是抱同情的。我相信他一定没有读过追求学,因此而遭惨败,实深遗憾。凡追求,第一要知己知彼,忖量有没有把握,第二要认清对方的弱点"进攻",第三要轻描淡写,不露痕迹,第四须有政治家风度,可进则进,不可进则须看风收帆,别寻出路,不给被追求者以惹厌的印象。硬弄总是要弄僵的,寻死觅活的手段,只能施于情窦初开,从来不曾见过男人的深闺少女,柔弱的心也许会被感动,college girl②大多是hard boiled③,这是认识不足和手段错误。如果李女士一定不肯接受他的好意,大概他以后会变成女性诅咒者,大多数的男人都是这样缺少sportsmanship的。对于女人的男性憎恶论,则我觉得较可原谅,因为女人之被男人吃笔大抵有历史的社会的根据,而男人之被女人吃笔,多分是自己的错处,主要的毛病出在"不识相"三字上。

你也许不是一切人的天使,但至少你是我的天使。

---
① 吃瘪。后同。
② 女大学生。
③ 老练的、不动感情的。

昨得"打油渣诗"一首,"仿宋体":——

书隔一星期,历七千万万世纪,思君意如火山爆发,每个细胞打结三十六次。临颖不知云,却怨天气好,愿化一面镜子,常常照你笑。

愿你伤风快好,我待你好!

和尚　十六

宋:

离放工还有半小时。星期三欠四页,星期四欠一页,今天做了十五页,一起拼命赶完了。只想给你写信,好像要把我的心、我的脑子一起倒出掏空才痛快的样子,你厌不厌烦,笑不笑我呢?要是我能把我的灵魂封在信封内寄给你,交给你保管着(你爱顾他也好,冷丢他也好),那么让我这失去灵魂的形骸天天做着机械的工作,也不会感到任何难过了。我深觉得,我们的灵魂比形骸更要累赘繁重,否则它早已飞到天上去了。

昨夜做了个梦,可是再也记不起做些甚么。要是我今夜坐了汽车来看你,你欢迎不欢迎我呢?横竖我已认识了路,我会悄悄地摸到你睡着的地方的。我希望你正酣睡着不看见我,我会静静地看守着你的睡眠,替你驱除噩梦,到了天将明,你未醒之时,我便轻轻地吻一下你的手,自个儿寂寞地回来。

像得了心爱的宝贝一样，这才接到了你的信。我愿意永远作你的孩子，要是你肯做我的母亲的话。今晚我已心安了，我许给我自己一个甜蜜的睡眠。

如果你母亲高兴见我，你为甚么不留我多住一天呢？我回来之后，陆师母说我为甚么这么要紧就回来，因为明天有假放。不过即使你留我，我也不想多住，因为衣服甚么都没带来。

寻来寻去总寻不见你八月上半月给我的两封信，心里怪那个，你骂不骂我又丢了呢？如果要骂的话，请补写两封来，我一定好好藏着，再不丢了。你有些信写得实在有趣，使我越看越爱。要是你怪我不该爱你，那么使我爱你的实在是你自己，一切我不知道，你应该负全责。要是我为你而情死了，你当然也应该抵命的。

五块钱，给陆师母借去了，她也要向我借钱，可见紧缩之一斑。这星期底没得钱用，星期一发薪不知是否仍打折扣。但只要肚皮不饿（只是有得饭吃的意思，因为饿此刻就在饿），有得房子住，你待我好，甚么都不在乎。我是个乐天者，我不高兴为物质问题发愁。

你想不出此刻我是多少快乐，快乐得想哭。谁比我更幸福呢？比起你来，我也是要幸福得多，因为我的朋友是一个天使，而你的朋友只是一个傻小子。

卅下午

天使：

又到了两点钟，真要命，近来要做夜工，把人烦死。算是校订过了两遍，校对过了三次的样子，拿到我手里仍然要改得一塌糊涂，其实偷懒些也不妨事，可是我又不肯马马虎虎。人也总是，白天尤其是上半天总是有气没力的，一过了夜里十点钟，便精神百倍，夜猫的生活虽然也颇有意味，可奈白天不得睡觉何。

每天每天看不到你，这是如何的生活。事实上你已成为我惟一的亲人了，可以寄托我心情的对象，无论是人或艺术、主义、宗教，是一个都没有，除了你。但就是你也不能给我大的启发与鼓奋，一切是虚无得可怕。

我永远爱你。

魔鬼　十二夜

女皇陛下，臣稽首

女皇陛下：

我希望你快些写信给我，好让我放心你已不恼我了。至少也得告诉我一声十个月不写信是从那一天算起，好让我自即日起伫颈期待它的满期。我很欣幸你恼我得并不彻底，否则你会说永远不再写信给我的。既然不是彻底的恼，那么最好还是索性不恼，因为恕人者最快乐，而我也将感恩不尽，永远纪念你的好处。我不愿说保证以后不再有这种事发生，因为也许为了空间的时间的、心理的生理的、物理的化学的、形而上的形而下的、物质的精神的、个人的社会的种种关系，仍旧会身难自主。叔本华说得好，"人类是环境之奴"（叔本华并没有说过这句肤浅的话，至少我不曾读过叔本华，不知道他曾说过这句话）也。但为了对你表示最大的忠诚与感激起见，总将竭力避免此等事件之再发生，倘不幸而力有未逮，则惟有等待挨骂一顿，之后复为君臣如初，此则私心之所祈祷而无任拜悚者也。否则的话，我虽不至于幼稚过火得向你说"人生无趣，四大皆空，一切有为法，如梦幻泡影，Vanity, vanity, all is vanity①，行将自杀以谢君"。当然

---

① 空虚、空虚、一切都是空虚。

也不至于sophisticated①得喝香槟酒，搂舞女以消忧。但我这奇怪的我会无聊得狂吃东西，以至于生了胃病，是或有可能的。虽然也许现在你要咒我呕血，但真呕血之后，你一定要悔恨；同样你也决不真的希望我生胃病的是不是？太阳、月亮、火炉、钢笔、牛津简明字典，一起为我证明我对于你的忠心永无变更，不胜诚惶诚恐之至，臣稽首。

---

① 老于世故。

我姓洪,名水,字淡如好不好? ①

姐姐:

我叫你姐姐你难不难为情?

为着想你得很,我没有心思工作,先写了这封信再说。《鲁滨孙漂流记》真比沙士比亚还难翻,又没趣味又单调,又要一个个字对照着译。

这几天来我也心思很不安定,人倦得睡不醒来,也许是你传染给我的毛病。

昨夜我梦见天上有许多月亮,大的小的圆的缺的,很好看,我叫你看,你却不要看,并且硬要争辩蛾眉月的"蛾"是一种蝎子,我气得想要擂你一顿。

想来想去还是亚当夏娃最快乐,虽然逐出了伊甸园,整个世界都是属于他们的,等到第二代,该隐就要杀亚伯了,因此合理的世界,只能有两个人,不多也不少。

我希望你不要苦,要是你受了委曲②,就向我出出气好了。

昨天在外面荡了一天,一点不快活,我真想吃点真好吃的东

---

① 含信两封。
② 委屈。

西。星期日你是怎样过的?

要是有那么一个好地方,我们在一起静坐半天多好。每天每天看不见你,真使我心痛。

我待你好。

淡如 十四

(我姓洪,名水,字淡如好不好?)

宝贝:

本来想再过好几天才给你写信,但不写信也很无聊。你寄到嘉兴去的信收到,很是一个意外的惊喜,可惜太短了些,而且其中一句话也没有。在家乡过了两夜,想不到这两天内有许多变化。在火车里买了两份报看,德奥意三国成立协定,陈济棠势力瓦解,又有日本人在虹口遭暗杀,简直似乎已有一个多月不曾看过报;回来之后,又听见小儿啼,原来陆夫人已产了一个小女儿。

回家去刚刚逢着天凉,因此很适意,去的那晚还很热,火车中看见了一个伟丽的日没,满天空涂着一块一块油画的彩色,又看见一个乡妇被火车撞死,一只腿已飞掉,头边一堆浓血。

曾经做过一个梦,和一位女郎发生了恋爱,她的一切都并不出色,惟一惹人注意之点是鼻角的一粒麻子,这粒麻子凹陷得特别深，有一寸半的样子，我因为这粒麻子的关系便深深地迷醉着她了，你想荒唐不荒唐？

你大概不欢迎我来看你吧？

我真爱你。

淡如　十四

第四章
你愿意做快乐的猪,还是苦恼的哲学家?

他们很谈得来，共同的兴趣爱好使他们心意相通。朱生豪在信里与宋清如分享他的点滴生活，几时起床，几时出门，路上见了甚么事，遇到甚么人。看电影是朱生豪为数不多的爱好之一，即使生活困顿，他也总是花上一点钱，买张电影票，坐在电影院里静静观影，之后写下感受寄给爱人。杂志也是他必须要买的，读完之后加了批注再寄过去。旧书店更是常跑的，讨价还价买书来看。莎士比亚是他们的话题之一，从中可以看到他对译莎这件事的热情，以及翻译计划和进程。译莎增进了爱情，爱情成就了译莎。

如果今天不是星期五，我真不想活

宋姑娘：

读到芳札之后，不想再说甚么话，因为恐怕你又要神经。

这星期过得特别快，因为中间夹着一个五一劳动节。其实星期制很坏。星期日玩了一天之后，星期一当然不会有甚么心向工作，星期二星期三是一星期中最苦闷的两天，一到这两天，我总归想自杀，活不下去；星期四比较安定一些，工作成绩也要好些，一过了星期四，人又变成乐天了，可是一个星期已过去大半，满心想玩了；星期五放了工，再也安身不住，不去看电影也得向四马路①溜达一蹚②书坊，再带些东西回来吃，或许就在电车里吃，路上吃；星期六简直不能做工，人是异样不安定，夜里总得两点钟才睡去；可是星期日，好像六天做苦工的代价就是这一天似的，却是最惨没有的日子。星期日看的电影，总比非星期日看的没兴致得多，一切都是空虚，路一定走了许多，生命完全变得不实在，模糊得很，也乏味得很；这样过去之后，到星期一灵魂就像是一片白雾；星期二它醒了转来，发现仍旧在囚笼里，

---

① 现为福州路。后同。
② 趟。

便又要苦闷了。

你总有一天会看我不起,因为我实在毫无希望,就是胡思乱想的本领,也比从前差得多了,如果不是因为今天是星期五之故,我真不想活。

不骗你,我很爱你,仍旧想跟你在一起做梦。

朱

你愿意做快乐的猪，还是苦恼的哲学家？

星期六读一本辛克莱的《人生鉴》，文章很好，也有许多实用的知识，尤其是关于吃的方面，傅东华译，上海世界书局出版，特为介绍。

昨天看一张影片名《十三日星期五》，英国出品，轻描淡写地叙述了一些平常社会的偶然事件，非滑稽亦非讽刺，而是可喜的幽默。有人以为它的目的是破除迷信，证明十三日星期五并非不祥，真太幼稚了。

早上很好，半醒睡的状态中听见偶然的小鸟声和各种不甚喧闹的人声，都觉得有点可爱。怎样一种人生，如果没有闲暇可享受！

昨夜跑到床上，来不及把电灯熄落，就睡着了，忽然醒来，吓了一跳。

这是星期一所写

今天读了你两首新诗，不能得到我的赞许。又得到张荃一篇古风，初读上去觉很好，细看之也呒啥啥。愿上帝保佑世上一切的女诗人们都得到一个美好的丈夫！我不知道张荃为甚么突然心血来潮要跟我通起信来,大概因为我很好的缘故,其实我早忘了她了。

Sh①……！不要响,听墙角落里有鬼叫!

宋清如顶不好。

IXUYZ　星期二

要是有人问你,你愿意做快乐的猪呢,还是愿意做苦恼的哲学家?你就回答:我愿意做快乐的哲学家,这样可以显出你的聪明。

---

① "嘘"的象声词。

菩萨保佑你易长易大

二哥：

今天星期三，还有三天，星期六就放假，一共七天。要是阳历新年放那么多，岂不好，不幸生而为阴国民。五日之前，信寄我家里，如果有信的话。

你大概安好，也许很忙，读一点书，或者只是想想而已也说不定。你读一点甚么书。

郑××昨晨六点钟坐大轮船留学去，她不曾来看我，当然我也没有去送她。前晚我为她大气特气，电话里关照说我去看她，还想请她吃夜饭哩，巴巴地走到她旅社里，出去了。有事情得留下话，不使人瞎等是不是。这人刁儿浪当①，借我至少十五块钱，还我十块，其余的算是我要付她的利息，犹太人碰着她要饿死。写信总是虚假的文言，她爸爸的！以后尽量不理她。

再说。菩萨保佑你易长易大，无灾无病。

拙者　日期见上

---

① 吊儿郎当。

金鼠牌的星期日节目

清如我儿：

你不给我信是不行的。

今天的节目：

1.起身（九点钟）。

2.吃粥。

3.看报。

4.写信——给你的。

5.看小说，——Galsworthy①的In Chancery②，此翁的文字清淡得很。

6.吃中饭——鸡。

7.出门。

8.卡尔登看电影——捷克斯拉夫出品，"Symphony of Love"，又名"Ecstacy"，因为广告上大登非常性感，故观者潮涌，尤多"小市民群"，其实该片还是属于高级的一类，虽是以性欲为题材，却并无色情趣味，至于描写得较露骨的部分，当

---

① 英国作家高尔斯华绥。

② 《骑虎》。

然早已剪去。摄影好，音乐好，导演处置纤细但嫌薄弱，表演平平，看后印象不深刻。

9.四马路买过期廉价漫画杂志数本。

10.回家。

11.吃晚饭。

12.做夜工三小时。

13.写信。

14.睡（十二点半）

你要不要我待你好？

金鼠牌　星期日

寂寞的人不该有星期日

清如：

　　为甚么不来信呢？不是因为气我吧？我所说过的话都是假的，你一定不要相信我。

　　星期日对于我往往是最不幸的一日，因为它全然是浪费而毫无用处，寂寞的人是不该有星期日的。

　　你现在快活吗？也许很有点倦怠是不是？你有不有点看不起我？

　　祝你一切的好。

无聊者　九日晚

讲来讲去全是有闲趣味

宋清如：

我觉得"小姐"比"女士"不肉麻得多，你以为如何？

"她"字完全是多事；"他对她说"固然明白，"她对她说"岂不仍旧弄不清楚，还要分写作"老她"和"少她"？

今晚没事做，因此写信，虽然并不高兴写。

从前星期日也可以整天住在家里，近来老想"到上海去"（在我们这里是这样说的），太费时间，从提篮桥到抛球场一段电车总得一二十分钟，等车子的时间不算，到法租界去得四十分钟，没有特别的事总不大上算。我最常到的两条路是四马路和北四川路，四马路自然是因为书店的缘故，其实那是最最俗气的一条马路。静安寺路、霞飞路①是上海最好的两条路了，但我不能常去，北四川路颇有名士风趣，夹在广东人和日本人之中间，有一种说不出的吊儿郎当。南京路是《东方杂志》，四马路是小报，霞飞路是画报，北四川路是《论语》《人间世》。

昨天一下火车便去看电影，华雷斯皮莱的《自由万岁》，这是张难得的片子，我勉强使眼泪不流下来，虽然以个人的好

---

① 现名淮海路。后同。

恶而论，对于这位莽汉型的主角，我并无特殊的好感，如有人所批评的，华雷斯皮莱只能浮面地抓住观众的情感，但不够深刻，这位丑男子的地位评价，总该在George Arliso, Charles Laughton, Paul Muni, Edward E, Robinson诸人之下，比小白脸们那自然要高得多了。出来不知天下雨，而且很大，索性到对过金城里去买五角钱票看《新女性》，第八个失望，片子长得异乎寻常，说明书弄了一大篇，我想导演者还算聪明，否则按着中国影片的拖拖沓沓的老毛病推想起来，这么纷繁的头绪准得演上一整天才演得完，然而看下去是多么无精打采啊！同样的题材，《三个摩登女性》确不愧是成功的优秀作，女人除了教训意味太浓之外，也不失为流丽干净。

《新女性》我不知怎么说好，主角阮玲玉饰妓女等之类是成功的，扮女作家真太不像了，表演老是那个"型"，如果原谅她扮这角色的身份不配的话，那么至少得说她一句毫无进步，看她从前的作品要比现在的作品满意得多，人和蝴蝶一样，也越变越难看了。立起身走出的时候，已过七点钟，已经映过整一点钟，照本事的情节看起来，似乎还不过三分之一的样子，叫人打呵欠的东西，谁能耐心这么久坐下去，尽管它的意识十分正确。因此想到《香雪海》的导演手法确值得称赞，虽然是那么庸劣的故事，却是像美丽的小品文一样抒写出来，简单的情节，不多的人物，灵秀的表现，在去年度可算是最成功的一张了。

你会不会玩麻雀牌？那并不是怎样有趣的东西，有时会使你非常心烦，但一陷入方阵之后，简直无法摆脱，完全不想罢手了，因此是费时失业的东西，并且能使亲人暂时变为冤家，因赌牌而两亲家母争吵或母女不和，是最普通不过的事。如外国的纸牌之类，如果目的不是为赌钱，只是游戏而已，那不久就会厌倦的，但麻雀牌的魔力要大得多，它需要更复杂的勾心斗角，同时又要看手风牌势，讲命运，各人的个性也最能在打牌时看出来，有的是越输越吵，有的却越输越静，有的迟疑不决，有的当机立断，有的老谋深算，有的粗率鲁莽，有的敢冒险，有的讲持重稳健，有的随随便便，有的心无旁骛，洋洋乎大观哉。至于等待一张需要的牌的心境，是和恋人的心境并无二致的。

我常常想不出你所说的看书是看甚么一类书。

昨天火车里看见一个年纪很大了的女学生，胖得像猪一般，又有一个瘦得很的中年妇人，面目可憎的样子，衔着香烟老走来走去，真不应该有这种女人。我以为林黛玉式的美人在中国还是需要的，与其病态丑或健康丑，那当然宁可病态美。

讲来讲去全是有闲趣味。再会。有人说，宋清如很滑稽。

祝好人好。

朱生豪　九夜

寂寞的人是不应该找人说话的[1]

宋儿：

有点像是要伤风了的样子，想睡下去，稍为写些。

因为心里十分气闷，决定买书去，莫泊桑已看得不剩几篇了，作为接济，买了一本Flaubert杰作集，其中包括他的三个名著，《波瓦利夫人》[2]《圣安东尼的诱惑》《萨郎保》[3]和两三个短篇（或者说是中篇）。有点失望，因为其中没有他的名著《感情教育》[4]，篇幅也比较薄，只有六百多页，同样的价钱较莫泊桑少了四百页。不过其中有《波瓦利夫人》出版后因有伤风化被控法庭上的辩论和判决全文洋洋数十页，却是很可贵的史料，那个法官宣告被告无罪的贤明的判决在文学史上是很受赞美的。

法国的作品总是描写性欲的地方特别多，莫泊桑的作品里大部分也尽是轧姘头的故事（写得极美丽诗意的也有，写得极丑恶兽性的也有），大概中文已译出来的多是他的雅驯的一部分，

---

[1] 含信三封。
[2] 现译为《包法利夫人》。
[3] 现译为《萨朗波》。
[4] 现译为《情感教育》。

太纯洁的人还是不要读他的全集好。法国的写实派诸大家中，Balzac①和Zola②自然也是非常伟大的名字，但以文字的技术而论，则未免散漫而多涉枝节，不如Flaubert和Maupassant③的精练。但以我个人的趣味而论，较之莫泊桑的短篇，我总觉得更爱柴霍甫④的短篇，这并不是说前者的评价应当在后者之下，而是因为一般而论，我喜爱俄国的文学甚于法国的文学。

出去没有带伞，回来密密的细雨打在脸上，很快意，简直放慢了脚步，缓步起来。

身边还有四块多钱，足够过年！明天或者不出去。等过了新年拿到薪水，决定上杭州来一次（即下星期），你如不待我好则不来。实在照这样子，活下去很不可能。

愿你吉祥如意。

朱儿

弟弟：

《江苏教育》是江苏省政府教育厅出版的。

今天发薪水，买了一块钱邮票，一本信笺，一札信封。跑书店的结果，只买了两角钱一本薄薄的《六艺》，这是现代派作家

---

① 巴尔扎克。
② 左拉。
③ 莫泊桑。
④ 现译为契诃夫。

们继《文艺风景》《文艺画报》《文饭小品》诸夭折刊物之后的又一个花样儿,编制和《文艺画报》相同。据我所知道他们本来是预备把《现代》复活的,后来仍改出这个杂拌儿的"综合性刊物",包括文学绘画戏剧电影等东西。施蛰存现在是不声不响着标点国学珍本丛书,起劲干着的,还是叶灵凤、穆时英、刘呐鸥诸花花公子,《晨报》(被封禁后现改名《诚报》发行,尚未见过)的《晨曦》便是他们的地盘,常和生活书店一批人寻相骂。

《六艺》等我加批后寄给你看。

在读Lawrence①的Sons and Lovers②,如题目所表示,其中所写的是母爱与情人爱的冲突。Lawrence是写实主义的尖端的作家,完全着重于心理分析(再进一步就要钻进牛角尖里去了),而不注意故事,这本书较之去年所读的他的Lady Chatterley's Lover③(据说是外国《金瓶梅》)要好些,因为后者除了几乎给人压抑感的过量的性行为描写外,很干燥而无味,但这本Sons and Lovers的各个人物的性格剖析,都极精细而生动。

我想不出老读小说有甚么意思,但是读甚么好呢?

有时我真忙得分不出身来,又想写信,又想作些活,又想看书,又想闭了眼睛沉思,又想在夜之街上徘徊。最是黄昏的时候,最想你得厉害,要是此刻能赶来和你默默相对半点钟而作别,我情愿放弃一切所要做的事。

---

① 20世纪前期英国作家劳伦斯。
②《儿子与情人》。
③《查泰莱夫人的情人》。

无尽的离思呵！祝你好！

弟弟

我猜想你近来比较很沉默。

宋：

　　下星期日（八月二十五日）我到常熟来，好不好快回答我。

　　今天玩得很经济而实惠。上午往北四川路跑旧书店，第一家找到了一本Dickens：Oliver Twist[①]，一本Jane Austen：Pride and Prejudice[②]，他要价二元三角，我还一块钱，他摇摇头把书插到架子上去了，我对这两本书并无怎样热情，因此也扬长而去。他们在收买的时候，这一类非教科用的书简直看得连废纸不如。讨价一块两块的书，买进来不过一角两角。其实在提篮桥俄国人那里，一角钱也照样能买到很好的书，上星期五我去买得的一本Hawthorne：House of the Seven Gables[③]，印刷纸张都很好，插图也精美，如果在那个书商手里，至少也要六角钱才能让你拿到手。第二家无所得。第三家找到一本Oxford Pocket Classic[④]本的英国小品文选，他要三角大洋，索价不算太高，我

---

① 狄更斯的《奥利弗尔·退斯特》。
② 珍妮·奥斯丁的《傲慢与偏见》。
③ 霍桑的《有七个尖顶阁的房子》。
④ 牛津袖珍经典。

还价两角小洋，又加至三角小洋，因为他说一定没有还价，我也弃之而去。第四家找到一本Daudet：Saplio①和一本《拿坡仑②传》，前者讨价四角大洋，我还四角小洋，就买成功了，后者未买。出来在一家饮冰室坐下，两角小洋的冰淇淋，分量多得令人吓了一跳。下午两角钱看了一本歌舞影片，我对于老是那一套的歌舞片子并无多大兴趣，但如有Ruby Keeler在里面的总不自禁地要去看一下。她并不是一个了不得的演员，但确是一个darling，在我的味觉上觉得银幕上没有比她更甜的人，尤其是她说话的音调，孩子气得可爱而异常悦耳。

一个人的趣味要变化起来真没办法，现在我简直不要看诗。大概一个人少年时是诗人，中年时是小说家，老年时是散文家，这并不指一定有所写作的而言。

我算是死了心，你肯不肯给信我都随你便，寂寞的人是不应该找人说话的。祝好。

猪八戒　十八

---

① 都德的《萨福》。
② 现译为拿破仑。后同。

读戏曲，比之读小说有趣得多①

清如：

 读来信，甚慰，希望格外珍摄。短短几天，要受跋涉之累，回家去很不值得。能够读读书当然很好，你应该读读书的。

 做人是那样乏力的事，像我每天回来，就是要读书，也缺少了精神兴致，心里又是这样那样乱得很，难得有安静的一天。纵是生活比止水还寂寞，感到的只是莫名的疲倦，更恐惧着日子将永不会变样。常常心里的热望使我和你写信，然而每回写时是一个悲哀，我总是希望能告诉你一些新的言语，然而笔下只有空虚。繁杂的思绪，即使勉强表现出来，也是难堪的丑恶。

 今天他们去看《姐妹花》，回来十分称赞。我是已经看过了，那是张通俗的伦理片，略带一些社会意义的，演出的技巧很好，对白也清晰得可喜，获得太太小姐甚至于先生们的眼泪，大概不是偶然。在新光里已映了快四十天，哄②动的力量，前此联华的《人生》还瞠乎其后。联华的片子，一般地说，在我们眼中虽还有些浅薄，然而已经有不大通俗的地方，《人生》如此，前

---

① 含信两封。
② 轰。

次看的一张《都会的清晨》也是如此。天一的陈玉梅，我还不曾敢领教过，一般人说她很坏，我只知道她是个难看的女人。

好片子不常有，然而往往容易错过，一张《吉诃德先生》不看很可惜，还有如Song of Songs①，《梵音情侣》等，也是极富诗趣的名构。虽则一些极伟大热闹的歌舞片宫闱片，我并不以不曾看为憾事。

商务里有一批Modern Library②，Every Man's Library③廉价发卖，因为身边不多钱，只拣了一本Swinburne④诗选，一本Silas Marner⑤。读书也不容易，像我们简直没福气读新出的书籍。Silas Marner照理是应该早已读过了的，况且George Eliot⑥也算是我十分欢喜的人，可是我偏偏不曾读她的这一本代表作。两天功夫读完之后，有点失望，觉得并不像Mill on the Floss⑦写得好，故事比较简单一些也是一个理由，总之很比不上狄更司⑧。Mill on the Floss可真是好，我读时曾流泪，里面的女主角即是著者自己的影子，是一个好强好胜，想象丰富，感情热烈，玻璃样晶莹而脆薄易碎，带着不羁的野性的女孩子，他⑨的

---

① 《雅歌》。
② 现代书库。
③ 人生书库。
④ 英国19世纪末诗人斯温伯恩。
⑤ 小说《织工马南传》。
⑥ 乔治·爱略特，19世纪英国女作家，《织工马南传》即其作品。
⑦ 小说《弗洛斯河上的磨坊》，乔治·爱略特的代表作之一。
⑧ 狄更斯。
⑨ 她。

恋人则属于很passive的性格，有病态美的苍白少年，带有多量女性的柔弱，逗人怜悯的那种人。故事很长很复杂很错综，而且读了长久也已模糊了，但这情形想起来很动人。在维多利亚三大家中，Eliot最长于性格描写，Dickens描写主角，总不及描写配角的出色，后者的好处是温情和谐趣的融和，以天真的眼睛叙述世故，把一切人都Cartoon①化起来，但却不是冷酷的讽刺。文章也许是Thackeray②写得好。但小说在英国，无论如何赶不上法国同俄国，像Flaubert、Turgenev③一类的天才，英国毕竟没有。

　　之江图书馆里英文书也是陈旧的多，可以看见近代文艺潮流的简直少得很。我还是欢喜读几本近代戏剧的选集，觉得读戏剧比读小说有趣得多。其实你也该用点功，想法子多看一点外国的东西。这是个人享受上的问题，不一定是为着自己将来的成就。我有一个成见，觉得女孩子特别怕看书，先生指定的东西也许翻得比男孩子格外起劲，但总不肯自己找书读。说是用功也全是被动的。

　　天又下雨了。

　　虔诚的祝福！我永不愿忘记你。

朱　廿三夜

---

① 卡通。
② 英国19世纪小说家萨克雷。
③ 俄国19世纪作家屠格涅夫。

昨夜读Hamlet①，读到很倦了，一看表已快一点钟，吃了一惊，连忙睡了，可是还刚读完三幕。睡了下去，却又睡不着，想把你拖起来到山下散步。今天很倦。

Hamlet是一本深沉的剧本，充满了机智和冥想，但又是极有戏剧效果，适宜于上演的。沙士比亚的所以伟大，一个理由是因为他富有舞台上的经验，因此他的剧本没一本是沉闷而只能在书斋里阅读。譬如拿歌德的Faust②来说吧，尽管它是怎样伟大，终不免是一部使现代人起瞌睡之思的作品，诗的成分太多而戏剧的成分缺乏，但在莎氏的作品中，则这两个成分是同样的丰富，无论以诗人而论或戏剧家而论，他都是绝往无继。

我最初读的莎氏作品，不记是Hamlet还是Julius Caesar③，Julius Caesar是在Mr.Fisher的班上读的，他一上了班，便说，Mr.A，你读Antony，Mr.B，你读Brutus，Miss C，你读Caesar④的老婆的lines⑤，于是大家站起来瞎读了一阵，也不懂读的是甚么，这位先生的三脚猫智识真浅薄得可以，他和他的学生们都一样没有资格读Shakespeare⑥。

读戏曲，比之读小说有趣得多，因为短篇小说太短，兴味也比较淡薄一些，长篇小说太长，读者的兴味有时要中断，但戏

---

① 莎士比亚的戏剧《哈姆雷特》。
② 《浮士德》。
③ 莎士比亚的戏剧《尤里乌·恺撒》。
④ Antony、Brutus、Caesar都是《尤里乌·恺撒》剧中的人物。
⑤ 台词。
⑥ 莎士比亚。

剧，比如说五幕的一本，那就不嫌太长，不嫌太短，因为是戏剧的缘故，故事的布置必然是更加紧密，个性的刻画必然是更加显明，剧作者必然希望观众的注意的集中不懈，因此，所谓"戏剧的"一语必然含有"强烈的""反平铺直叙的"的意味。如果能看到一本好的戏剧的良好的演出，那自然是更为有味的事，可惜在中国不能多作这样的奢望。上次在金城看演果戈理的《巡按》①，确很能使人相当满意（而且出人意外地居然很卖座，但我想这是因为原剧通俗的缘故），也许有一天正式的话剧会成为中国人的嗜好吧？但总还不是在现在。卖野人头的京剧（正统的京剧我想已跟昆曲同样没落了，而且也是应该没落的）太不堪了。在上海是样样都要卖野人头的，以明星登台为号召的无聊的文明戏，也算是话剧，非驴非马的把京戏和"新戏"杂糅一下便算是"乐剧"，嘴里念着英文，身上穿着中国戏台上的古装，一面打躬作揖，便算是演给外国人看的中国戏。当然这些都算是高等的，下此不必说了。

以舞台剧和电影比较，那么显然前者的趣味是较为classical②的，我想现代电影有压倒舞台剧之势，这多半是与现代人的精神生活有关，就我所感觉到的，去看舞台剧的一个很不写意的地方，就是时间太长，除非演独幕剧。如果是一本正式的五幕剧，总要演到三个半至四个钟头的功夫，连幕间的间歇在内，这种长度在习惯于悠闲生活的人原不觉得甚么，但在过现代

---

① 现译为《钦差大臣》。
② 经典的。

生活的人看来就很觉气闷。至于如中国式的戏院，大概每晚七点钟开锣，总要弄到过十二点钟才散场，要是轰动一点的戏的话，那么也许四点半钟池子里已有了人，时间的浪费真是太可怕，再加之以喧闹的锣鼓，服装的炫目的色彩，疯狂的跌打，刺耳的唱声，再加之以无训练的观众，叫好拍手以及一切，一个健康的人进去准会变成神经衰弱者出来。

写于几天以前

用三天功夫读完了一本厚厚的小说，Arnold Bennett[①]作的 Imperial Palace[②]——一个大旅馆的名字。A.Bennett是一个有名的英国作家，死于三四年之前，但这本小说的作风趣味我觉得都很美国化。所描写的是以一个旅馆为中心，叙述企业家、富翁、雇员，资本社会的诸态，规模很是宏大，在中国，以都市商业为题材而得到相当成功的，也许只有一本《子夜》吧？但比起来不免觉得规模太小。文章写得很漂亮干净，不过读到终篇，总觉得作者的思想很流于庸俗。他所剖析的是近代资本主义社会中个人的内面与外面生活之关系（或冲突），以这个为题目的似乎近来看见得很多，因此不令人感到新异。其中颇多入微的心理分析，这或者是作者技术最主要的地方。书中的主人翁是一个事业家，理智的人，但作者把他写得非常人情，主要的女性有两个，一个是所谓摩登女子（在中国不会有的那种摩登女子），个人主义的极端的代表，写得似乎过于夸张一些，但代表了富于想象厌弃平凡过度兴奋的现代女性之一个典型，在恋爱上幻灭之后，便

[①] 英国作家阿诺德·本涅特。
[②] 《皇宫》。

潦草地嫁了人。另一个是有手段有才能的职业女性，但终于也伏在丈夫的怀里。似乎Bennett先生对于女性没有更高的希望，除了作为男人的asset之外（他把女人分为两种，一种是男人的资产asset，一种是男人的负担liability，而把大部分女子归入后一种），对于这点或者未必能令人同意，但也只好置诸不论了。

中译《田园交响乐》《狱中记》《死魂灵》读后感

《田园交响乐》：关于以一个盲人为题目，及后因眼睛开了而感到幻灭，这似乎不是第一本。确实的我曾读过几篇类此的故事，因此这书不曾引起我多的感想。诚然这是一篇好诗。

《狱中记》：有动人的力，可惜不是全译。

《死魂灵》：纯然是漫画式的作品，似乎缺少一般所谓Novel的性质，但文章是够有味的。

上海的出版界寂寞得可怜，事实上你跑到四马路去，也只有载着女人照片的画报可买。《译文》的停刊很令人痛心，关于文学的刊物别说内容空虚，就是内容空虚的也只有寥寥的几本。

凡不爱你的人都是傻子

好人：

昨夜梦你到嘉兴来玩，我爱你，凡不爱你的人都是傻子。在我的心中眼中以及一切感官中，你都是美到无可言喻。

天这两天变凉了，我毫无意见，随它冷热，都与我无干。

前天买了一本有趣的旧西书，"House-boat on the Styx"（《冥河中的屋船》），Styx是通阴阳两界的河名。其中当然尽是些鬼话，荷马、沙士比亚、孔夫子、伊里沙伯女王[1]、哈孟来特[2]、拿坡仑、华盛顿，等等，都在一起清谈口角，最被挖苦得厉害的是Dr.Samuel Johnson[3]。书的作者是完全无名的，出版于一八九〇年。沙士比亚和约翰生博士争论沙士比亚戏曲是否沙士比亚本人所作，不能解决，去问Francis Bacon[4]，Bacon说是他作的，沙士比亚是他的"打字员"，因为稿子由他打字，便冒认为己作，一个连自己姓名都弄不清楚（沙士比亚的亲笔签名

---

[1] 现译为伊丽莎白女王。
[2] 现译为哈姆雷特。
[3] 18世纪英国作家和文学评论家塞缪尔·约翰生，曾编注《莎士比亚戏剧集》。
[4] 英国17世纪著名逻辑学家弗兰西斯·培根。

式共有六七种不同的拼法，后来有一位先生著过一本书，发现这个名字一共可以有四千种拼法！）的人，怎么会著出Hamlet来呢？老莎大发急，再去问Sir Walter Raleigh①，Raleigh笑笑说Hamlet既不是培根作的，也不是老莎作的，那作者正是我哩。沙士比亚说，怎么，沙士比亚的作品都不是沙士比亚作的，那么究竟有没有我这个人呢？又有一个笑话，一次沙士比亚回到阳间去，在伦敦登台演Hamlet，大受批评家的白眼，说他完全不懂沙士比亚。一晚他们举行讲故事会，预先派定约翰生博士做主席，因为他这个人惯会刻薄人，要是叫他等别人说过后插入一两句批评，那是非常够味的，但要他自己讲起来，便三日三夜讲不完，冗长得叫人异样头痛。第一个立起来讲的是Goldsmith②（他是个不会讲话的人），红红脸孔说了一些反反复复的话，便说要宣读《威克斐牧师传》③前五个chapter，大家急了起来，主席先溜走了，关照从者等他读完了来唤他，还是拿坡仑和威灵顿公爵商量出一个办法，假装因旧恨而吵闹起来，把会场闹得一塌糊涂，才避免去Goldsmith的读《威克斐牧师传》。拿坡仑问Frederick④大帝有没有读过Carlyle⑤所著的Frederick传记（一部卷帙浩繁的著作），他说不曾，因为没有功夫，拿坡仑说你现

---

① 沃尔特·雷利爵士。
② 哥尔德斯密斯，18世纪英国作家。
③ 现译为《威克菲尔德牧师传》。
④ 18世纪普鲁士国王腓特烈大帝。
⑤ 19世纪英国作家、历史学家卡莱尔。

在永生了,尽管读到eternity①,难道还没有功夫?他说你读了三四页便知道了。

让我亲亲你,让我爱爱你,无数的肉麻。

朱儿　三〇

---

① 永远。

天才们傻的程度比我更甚

心里气得很,没有吃的,没有玩的,没有书看,没有歌唱,你又没有信给我,如何活得了!

希望希望,我能希望些甚么?明天还不是跟今天一样?能够早些老去是幸福,只怕挨那挨不尽的寂寞。

今晚一定要痛哭一场。我不知道你真会不会哭,也许有时找不到哭的题材,但会哭的人是可爱的。不过不应当当人面前哭,要悄悄地哭,而且哭过了要哈哈笑。顶好口袋里塞满糖,一个人走到一处幽静的地方,坐下来想生世中一切曾经过的悲哀,以及将来的可能的悲哀,一直想到自己完全溶入悲哀之中,而哭了起来,然后突然收住泪立起来,把糖塞在口里,唱着歌一路回去。一个浪漫的人,笑与眼泪是随身的法宝,你如不会哭,至少还够不上浪漫。

我所知道的人家对你的批评是说你很"ㄉㄧㄚ[①]",这字写不出,只能以拼音代之。这也许更有侮辱的意味,我听了很无可如何。

[①] 汉语旧注音符号,读嗲。

古人有许多蠢处。沙士比亚写了一百几十首sonnets[①]，其中一大半是为他所爱的一个男朋友而作，为英文中最有名的情诗。这事本没有甚么反常，不过他说他希望他的朋友赶快结婚，好把美丽的种子传下去，说这种话，他完全是一个生物学家，而不像是个诗人。其实这些天才们傻的程度比我更甚。

星期日和人同去看《娜娜》，由左拉小说所改编的电影，俄国姑娘Anna Sten的第一张片子。看了之后，很失望，因为本来是自然主义的名著，却完全变成了平凡的罗曼斯，导演手法上也没有特殊之点，安娜·斯坦的演技虽不差，因剧本的不好（比较的说）也不曾留下多大的印象。罗曼斯的片子我只看过一张好的，那是Garbo的Queen Christina[②]，故事是说一个冰雪之国（瑞典）的女王，喜男装，好骑射，不愿结婚，憧憬着自由，因为对于一个西班牙使臣的缱绻，那是代表她对于南国的阳光与热情的渴慕，终于脱去王冠的桎梏，载着被杀的使臣的尸首，到那产葡萄的国土里去了。很够诗意的不是？这是嘉宝自己挑选的她祖国的故事，完全地代表了她的艺术的灵魂的。

---

① 十四行诗。
② 《克里斯蒂安女王》。

夜里很冷，你冷不冷？

二姐：

为了拘泥文字的缘故，他们会把"for the simple reason that……"翻作"为了单纯的理由就是……地"，for=为了……地（因为这是adverbial phrase①故用"地"字表明），simple=单纯的（凡adjective②必须加"的"字），reason=理由，that则用"就是"表明，the却没有译出，其实应当再加上"这个"两字。简直叫人读了气死。"只是为了……的理由"岂不又明白又正确。最可笑的就是"地"字的胡用，譬如queenly作副词时，便会译作（应当说"被"译作）"女王地"，女王怎么"地"法呢？microscopically便是"显微镜地"。for some mysterious reason便是"为了某种不可思议的理由地"。总之。

时间已很晏，不唠叨了，你不知道在甚么地方，我不高兴再到梦里来找你了。总之你撇得我冷清清的好苦。

---

① 副词短语。
② 形容词。

祝福你。

WATATA[①]　卅夜

夜里很冷，你冷不冷？
天真冷，我想你衣服一定穿得很少，有没有冻坏呢？

卅一

[①] 拟音"哇他他"。

也许我不懂电影

澄儿：

我很气，因为昨天看《玫瑰红如此》的电影，我认为这是近年来稀有的一本精湛之作，但今天报纸上却说是全维多去年导演的三部作品中较逊色的一部，我不知道是我错还是他们错。《我们每天的面包》sorry 我没有看，但《新婚之夜》我是看过的，那不过是一本较一般美国电影较优美的作品，却万及不上《玫瑰红如此》。《玫瑰红如此》里面演员的演技固然也不错，但最好的是描写的细腻和空气的渲染，摄影的美尤令人神往，至于情绪的浓郁口勃，就像喝了一杯葡萄汁一样，较之出气的啤酒是不可同日而语的。但他们说是较为逊色，也许我不懂电影。昨天又接着到光陆去看《阿伯杜尔那"天杀的"》，光陆一向和国泰是最富于绅士气的影院，那面看客中国人只占一小部分，最近自从大大削价以后，连婆婆妈妈都进去看了，看见银幕上映出一个白白胖胖的小孩，台下便哄然笑起来，外国绅士太太们一定要头痛，不过总之很令人觉得有趣。一个 typical①的 Chinese man 带了几位女眷过来，她们让他坐在中间，叫他讲给她们听，我因为怕

---

① 典型的。

烦,连忙赶到更前排的空位上去坐了。其实这片子不很容易看,我担心那位先生讲不上来,因为这是张很"技术的"影片,不够趣味。(以上译名都是我的杜译,《玫瑰红如此》即《铁蹄情泪》;《我们每天的面包》即《生活》,在苏联得奖列名《渔光曲》之前的;《新婚之夜》即《洞房花烛夜》;《阿伯杜尔那"天杀的"》即《土宫秘密》,土是土耳其。)

昨天没有吃夜饭,以糖代替,今晨也没有吃早粥,也以糖代替。

星期六晚上在陈尧圣家吃夜饭,因为他请吴大姐和她的fiancé[1]客,我去作陪客。惟一的感想是菜蔬坏极了,我只喝了一杯酒,因为酒买得很少。这位老姐不但就要作妻子,并且就要去作现成的母亲了,我真不懂独立自由的生活有甚么不好,不过大多数的女人心理都不和我一样。席终客去之后,老胖和赵梓芳问我"你究竟和吴大姐有没有甚么关系?"我不知道这问题有甚么意思,谁都知道我曾和她做过朋友,如果她高兴,那么现在也仍然是朋友,但是陈太太可不肯相信,她说"如果有关系,那么你怎么会请他来呢?你又怎么会来呢?而且一个年纪这么大,一个年纪这么小,难道三十岁的女人嫁给廿四岁的男人吗?"我只笑笑,女人的逻辑都是那么滑稽的。

今天晚上再给你写信,Good-bye for a while!

伊凡诺微支叔父　六日

---

[1] 未婚夫。

人生顶无味就是有一个家

清如：

今天我一天没有吃饭，早晨吃了一碗粥，中午吃了一碗面，晚上吃了一包饼干。早上就游魂似的飘到外面去了，在大光明做了一顿礼拜，出来后知味观里吃了汤面。马路上吊儿郎当一下子，下午了，看了一张中国片子，应云卫的《时势英雄》，有意义的问题剧，技术上也很满意，尤其一个意外的惊人发现是尚冠武的演技，这个无籍籍名的演员，在这片子中显示出是现在中国电影界中第一个Character player①，他的演技大体上已臻于炉火纯青的境界，不似一向那么好人总是这么一个型，坏人总是那么一个型的，他和《桃花扇》中的胡萍该是今年国产电影中最可称道的收获。

跨出了金城戏院的门，对过的丽都在映Becky Sharp，这一张New Technicolour②的彩色长片是已经看过了的，而且看得似乎并非十分满意，但因为不愿意回家，便又糊里糊涂地去买了票。第二回看的时候比第一回看的好象③好得多，第一回看

---

① 个性演员。
② 新彩色电影。
③ 好像。

的时候因注意其故事的发展，有许多"技术的"地方都不曾看到，对话也有许多地方不曾听清爽，为着外景的缺乏，色彩的过饱，曾很感到有些沉闷，但今天看时就有趣得多了。故事是根据Thackerey①的名著Vanity Fair②的，虽然未必怎样尽忠于原著，但原来的讽刺冷酷的精神，是很被保存的。确实这是一本入木三分的辛辣的Sophisticated③的悲喜剧，过于纯洁天真的人或者不欢喜，但对于世故懂得多的人是不能不颔首的。女主角Miriam Hopkins的优越的演技在第一回看的时候已不禁赞美，这回使印象上更益深刻一些。至于这种新的清丽的彩色，无论如何是不能不对之表示满意的，虽然要是它将来果真取黑白片而代之，如现在有声驱除了无声一样，也将是一种损失，因为黑白片自有它应当存在的价值。

　　回来到了窠里，很悲哀。人生顶无味就是有一个家，当然这里的亭子间算不得我的家，但为甚么我天天要回到这里来呢？顶没有趣味的是跟他们一块儿吃饭，唉，我真愿意一个人独自儿吃饭，甚么时候吃，吃些甚么都随自己便，吃到末一碗饭（我一个人吃起饭来可以吃三碗，跟人家一起吃只能吃两碗）便把饭倒在菜里拌着吃，连饭连菜连汤一起吃光，多么有意思。你不知道跟这些老爷太太公子小姐们吃饭是多么荣幸得不舒服，照例新鲜烧起来的较好的菜都摆在少爷小姐面前，即使不这样摆，他们会自己搬掉过去的。而且要是被他们中意之后，别人是不能下箸的。

---

① 应为Thackeray，英国19世纪小说家萨克雷。
② 《名利场》。
③ 深奥的。

这且由他，更坏的每吃一顿饭，兄妹俩总得吵架儿，有时用脚踢，有时打起来，至少有三次之多，如果母亲骂了一句，便大哭起来离席而去，照例是跑到厨房间里告诉娘姨说姆妈骂我。于是就得拿了饭挟了菜在厨房里赌着气，一个人吃饭了。他们把孩子太惯纵了，当然管束得太严，把小孩弄得服服帖帖毫无活气也是不对，但也不应当把他们养得非常骄傲。那个五岁的女孩儿是太懂事了，他父亲常说大起来给她做电影明星；她很爱体面，欢喜照镜子，俨然有顾影自怜的风情。

再谈，愿你好。

朱生豪

《摩登时代》不曾使我们失望

亲爱的朋友：

卓别麟并不曾给人们以新的惊异，《摩登时代》使我们那些"浅薄的高明者"眩目的地方只是在于它采取了一个"摩登"的题材，事实上是已不新异了的对于机械文明的"讽刺"。卓别麟本人颇有一些诗人的素质，但我们的批评家们要尊他是一个思想家时，却未免揄扬过当了。

《摩登时代》中触及了工厂的科学管理、失业、穷困、法律与监狱，等等东西，也轻轻地借用一个共产党暴动的场面画了一幅谐画，但在本质上和以前的作品并无不同。如他自己谦恭而老实地所说的，《摩登时代》是"专为娱乐而摄制的"，这中间并没有甚么"思想"的成分，而且他也绝不会变成一个社会主义者的同路人，而且我们也不希望他这样，因为我们的却利（即卓别林）如果要革命，那他必得抛掉他的可笑的帽子和手杖，改正他那蹒跚的步态，这样无异于说，我们将不再欣赏到我们所熟悉的那个流氓绅士，而那正是我们所要欣赏的。卓别麟的贡献只是描写了我们这世间一些有良心而怯弱可怜被人欺侮的人的面容和他们的悲哀。他自然是一个人道主义者，但我们不管他这个，我们受他的感动只是因为他那种可以称为艺术的pathetic①的笔触。

但我们的批评家们却因为他在最后所说的两句话"Let's buck up, we'll get along②"而以为他具有"前进的意识",思想上有了进步了。如果这两句话并非不过是两句机械的时髦话,如我们中国的"尾巴主义者"一样(中国的电影制作者们往往欢喜在结局加上一条光明的尾巴,如参加义勇军之类),那么也不过是两句聊自慰藉的话,谁都觉得它们是多少无力。艺术家和商人市侩(在近代这两种人并无冲突)的卓别麟是一个成功者,但银幕上的卓别麟则永远被注定着失败的命运,即使是艺术家的卓别麟自己也不能把那种命运改变过来的。

在《摩登时代》中,卓别麟的表演和从前并无不同,但仍一样使人发笑,而观众也就满足了,因为对他我们没有过事苛求的必要。虽然在诗趣的盈溢和充分的sentimentalism③上他的《城市之光》更能引人入胜。至于他的反对有声片只是表示与众不同而已,实际上《城市之光》和《摩登时代》都是最理想或最近理想的有声片,虽则不用对白。然而如果事实上不能全废对白,而仍然要用少数简单的字幕写出来的话,我不认为采用字幕是较聪明的办法。

卓别麟并不曾给人们以新的惊异,但我们也并不希望他给人以新的惊异。《摩登时代》不曾使我们失望(虽然也许它所得的评价比它所应得的更高一些),至少我们去看这片子里对于生理

---

① 悲悯的。
② 让我们振作起来向前进。
③ 感情主义。

上、心理上都有益卫生的事。

如此如此,你看我批评的话漂亮不漂亮?

后天我可以把我已看完的《萧伯纳传》寄给你,这是本很有趣的书,本书的著者赫里思和萧伯纳同样是一对无可救药的宝货,我比他们中间无论那一个都伟大得多(这是句萧伯纳式的话)。

大多数的女人都不大欢喜吃甜的东西,这是我对于大多数女人不能欢喜的一个理由,我第一次对吴大姐感到不满就是当她给我吃了一碗不甜的绿豆粥的时候。有许多女人甚至于有绝对不吃甜食的恶习惯,这足以损害她们天性中可爱之处。

我希望你可能地多读书,这所谓书是包括除中国古书以外的任何科学的、哲学的、社会科学的、政治经济的、绘画音画的、宗教的……书。

一个人有时要固执起来是很可怜的,有人很赞成大路开路先锋一类的歌(那当然证明他绝对没有音乐修养),如果你对他细细说明这两个歌在音乐上毫无价值,他会倔强地说,"但是它们有很好的内容",但我总看不出它们的内容有甚么比毛毛雨更好的地方。

看戏也要拿出眼光来才好

今天还有九块钱,可是就要付房租了!初二薪水要是不能如期发,又该倒霉。

昨天看影戏,为着表示与众不同,又特去拣选了一张生僻的片子,得到一个很大的满足,可知看戏虽小事,也不可人云亦云,总要拿出眼光来才好。影片是Sinclair Lewis[1]原著的Dodsworth[2],对于女性有很恶辣的讽刺。一个经营汽车事业的美国富翁,有一个比较年轻的风骚的太太,他们的女儿刚出嫁了。那位富翁动了倦勤之意,放弃了事业,带了爱妻到欧洲旅行去;那位太太是爱寻刺激的,老住在一个地方,看见的总是这几个人,本来十分厌气,再加之女儿出嫁,动了青春消逝的悲哀,因此说起了游历,正中下怀。在轮船上第一天他俩是高兴得甚么似的,可是不久她便勾搭上一个英国少年,把老头子寂寂寞寞地丢在甲板上一个人看Bishop light(海上的一种闪光)了。那少年被她煽上了火,她却申斥他不该无礼吻她,于是两人吵了一场分手了。受了这次"侮辱",她一定要她丈夫一同到巴黎去,她

---

[1] 美国小说家辛克莱·刘易斯。
[2] 《孔雀夫人》。

男人是要到英国去的，拗不过她于是到了法国。在巴黎她又交了新朋友，老头子只好一个人拿了游览指南玩拿坡仑坟去。起初倒也各乐其乐，其后一个乐不思蜀，一个却逛博物馆逛厌了，要回家去，女人不肯回去，叫他一人先回去，她随后来。男人回去之后，寂寞得要命，本来是个好好先生的他，脾气变得坏极了，这也不称心，那也不称心，专门和人闹蹩扭①。妻子来信，又老是Arnold长，Arnold短（Arnold是她新交的男朋友），去电报叫她来她又不来，终于吃起醋来赶到巴黎，在旅馆里把那个男人也叫了来三个人对面，问她愿不愿意别嫁，她当然不愿，因为原来不过是玩玩而已，斗不过他这阵火劲，只好抽抽咽咽地哭起来，屈服了。过去的事情不算，重新来过，他仍然是爱她的，只要今后安安本分，因为，他说，他们的女儿已经有了孩子，她已经做了Grandma了。听见这句话，她真是伤心得了不得，做了Grandma的人，怎么还能充年轻呢？因此是再也不愿回家去了，于是两个人到了维也纳。到了维也纳，老毛病又发作了，这回是一个腼腆的奥国少年贵族。当他向她表示如果不是因为她是个有夫之妇，他一定会向她求婚的时候，她敌不过做一个贵族的诱惑，便和男人大吵一场要离婚，男人没法只好听从她，临别的时候她还拼命向他献媚。于是男人便失神地向各地作无目的的漫游，而女人则受了一次大大的教训。那贵族的母亲亲来她的住所，说她不能容许她的儿子和一个弃妇结婚，而且"年大的妻子是不能使年轻的丈夫幸福的"，她又不能再生育了，这种话真说

---

① 闹别扭。

得令人难堪，遭了这次见摈，她只好又回到她故夫的怀里去。可是她的故夫已在意大利和另外一个离婚了的妇人同居，两个人曾经沧海，情投意合，生活十分美满，他精神也奋发起来，预备再作一番事业了。突然接到她的长途电话，恳求他回去，说"她需要他"，于是他只好不顾那个妇人的哀求劝告，去收他的覆水了。见了面，两个人同上了船预备回乡，那女人若无其事，在吸烟室中亲热地和他唠叨个不住，这样那样，巴黎的女人穿甚么衣服，那位爵夫人（曾经使她吃笔的）全然是个无礼的乡下人，等等，最后说本来也许我该向你道歉，但你一直是主张让过去的事过去的，而且这回我果然不好，你也有一半错……那男人本来不乐意，听得火冒极了，于是出去提了行李，立刻离船，她才发了急，狂叫起来，可是已来不及了。

外国报上有一个存疑的消息说冯玉祥是匈牙利人，他父亲是一个天主教神甫，他在本国读过法律，十九岁单身出亡到美国，在捕鲸船上当水手，后来在格林兰发了财，民国初年他却在内蒙古做土匪头子。这种谣言很有趣，事实上造谣言者也不会是出于恶意的，因为否则不会荒唐伪谬到如此，多分是神经病者的牵强附会。

你在干么？

今天看了一张影戏，故事很有趣

宋：

今天看了一张影戏，故事很有趣。主演者是一个英国的才子，小说家，戏曲家，舞台剧人，音乐家，而今又是电影明星的 Noel Coward，他扮一个风流自赏的出版家，许多女人都为他颠倒，但是他把她们全不放在心上，高兴时便爱爱，不高兴时便给她们一个不理睬。女主角是一个年轻纯洁的女诗人，她弃了她原先的爱人而爱他，但他遇见了一个女音乐家之后，便把她冷淡了，她的眼泪和哀求只得到轻蔑的回答。他坐了飞机去追求他的新爱人，那个被弃的女郎咒他从飞机上跌下来跌死，死后没一个人哀悼他。这咒语果然实现，飞机出了事，乘客全部在海里送命。他的死讯传出以后，大家听见了都笑笑，没一个人哀悼他。然而一天晚上，他的同事在他的办公室内发现了他，神色异乎寻常。原来这是他的鬼，因为人死了之后，如果没人为他洒一点泪，鬼魂便将永远彷徨，得不到安静，因此他要回来找寻他的旧爱人，乞求她的饶恕。这个鬼于是在各地不停地出现着，最后被他访到了她的居处，她正在看护她的自己毁弃了前途，贫病交迫的原先的爱人，后者一看见他的情敌进来，便向他连放了数枪，而自己自杀了，可是那鬼仍站着不动，他知道要求她饶恕是不可能了,只好接受永久的谴罚,而祷告上帝使这一对爱人能再得到平和和幸福,这样祷告之后,那个自杀者便醒了转来,身上的枪痕也没有了。女郎感动之下,他便得到了饶恕,而灵魂安息了。

  当出版家的同事发现出版家的座位上遗留着一把海草(溺水鬼的标记),惊惶地向后者追问的时候,那鬼便威吓他出去,在夜色昏暗中只见两个人的影子,狂风吹开了窗,鬼奔出去。海景,波涛汹涌,一具溺毙的尸身在水中荡着荡着,海面上有一圈白光,空中有一个声音,说"可怜的马莱,你死了,没有一个朋友,谁也不为你伤心,这是你轻薄的报应,你的灵魂将永远得不到安宁,你所需要的是别人的一点眼泪……"。很有趣。

星期五

到知味观吃了一碗片儿川,味道很亲切,因为是在西爽斋吃惯了的。杭州面比苏州面好吃。

星期日

家里去没有意思,不要去好了。
你哭我可不哭,丽娟(一个小女孩)说我,这人老是笑。
我爱你,好不好?你叫我心疼。

第格多

第五章

我是个理想家,想到现实会使我黯然

宋清如出身常熟的一户富豪家庭，相对富裕的家庭为其成长提供了物质保障。朱生豪幼时家道中落，生活困顿。不同的生活境遇，并没有影响两个人的感情，他们的恋爱不同于世俗，精神远重于物质。信中朱生豪不避讳自己捉襟见肘的窘迫，也能看到宋清如时时关心他的情况。正因为有这样抛去物质条件的感情基础，朱生豪才敢在穷厄困顿、家徒四壁的情况下，仍闭门谢客，不食周粟。婚后，朱生豪一心译莎，宋清如倾力相助，筹划生计，除了烧饭打扫，还要做针线活补贴家用，而不劝朱生豪屈己乞敌，为汪伪政府工作。

　　这是文人的气节，知识分子的信念。

请借给我五块钱，请讲故事给我听

祖母大人：

请借给我五块钱，好久以后还你。

请讲个故事给我听，Once upon a time there was a king[①]。

请不要哭。

请待我好。

出须官官　十七

[①] 从前有一个国王。

我是个理想家，想到现实会使我黯然

宋：

　　本来我知道你一定不会答应到我家里来，但我确痴心地盼你打上海过，还望你带好东西来我吃呢。又是这么像是特意要避过我似的，连安慰也不留一句地走了，怎不教人耿耿呢？你或许以为车站上几分钟的相对没有甚么意思，徒然引起一些惆怅，但在我，就是惆怅也好，日复一日的枯燥的生活，多么想望一些小小的兴奋，即使不一定是快乐，也总比空虚的想望好些。而且我是那么不自由，要来看你一次，总得顾虑着钱，顾虑着时间。一共在世上我们也没有多少年岁好活，见面的机会是那么稀少得令人伤心，更能禁得多少次的失望呢？

　　我常常不大愿意提起关于结婚的一个问题，尤其是在一个要好的女朋友之前，但今天却想以纯粹朋友的立场，提供你一些意见。惟一我替你担心的，便是你对于一切都抱着得过且过的态度，害怕想到将来，甚至于想借着短命来逃避（也许我也有些如此），其实将来也许并非一定那样可怕也说不定。在此刻，我们的处境很有些相仿，我们的家庭方面都在盼望我们赶快结婚，而我们自己则都在托词敷衍着。关于我自己，我抱着不结婚的理想，少说些也已有五六年了；起初还只是一个理想主者的诗意的想头，伴着对于现实社会婚姻制度的不满，而近年来生活的困苦的暗影更加强了我的决心。姑母她们以为我现在不愿结婚是有所期待，或者因为嫌现在所入菲薄，要等经济方面有恃无恐后再说，因此倒是相当地嘉许我，但我如说出永远不结婚的话来，她们便要说我是傻子，而且也不肯相信（按照我们的道德的逻辑，你不娶妻生子，父母生下你来做甚么？在这种训条之下，一个男人所受的责备要比女子厉害得多），然而我自己相信我是聪明的，虽然未免贪懒规避了"人生的义务"。同时我对自己也很有把握，即使我母亲从坟墓里复活转来硬要逼我尽我所不愿尽的职，我也不惜做一个忤逆的儿子，为着保持自己最少限度的自由。关于你，那么似乎你的理由只是因为怕和平常女人陷于同样命运之故，然而这并不是怎么充足的理由，因为命运的平凡不平凡和婚姻并无绝对的关系，真是一个能够自己有所树立的女子，那么虽结了婚也不害她为一个不平凡者。不然的话，你能说一般的独身妇人比结婚者的命运更可傲些更幸福些吗？多分是反而更悲惨些。你是爱你的母亲的，如果搪饰到无可搪饰，敷衍到无可敷衍的时候，为了不忍伤她的心，会不会乖乖地听起话来呢？如果终不免有那一天，那么宁愿早些留心为是。一个理想的男人和一个理想的朋友不一样，只要人格高尚，有思想，诚实负责，经济宽裕的人就合适了，如果有这种人，还是不要放弃机会的好（一见面感情泛滥的人是靠不住的）。有了安定的小家庭生活（少年时的彷徨烦闷其实都是生活不能安定之故），只要不忙着养儿子，自己计划着一种有意义的生活方式或找些不烦重的工作，或研习学问，何尝不能获得甚大的乐趣（如果有了计划做不到，那是自己本身的劣根性，这种人无论结不结婚皆无办法）。我不知道你对于自身的将来能不能下一番透彻的考虑，因为无主义的因循是不幸的。我的意思并不是要劝你结婚，或不结婚，但无论结婚不结婚，都得立定斩截的主意，不要含糊过去。我以为你的身体不是个耐得起辛苦磨炼的人生战士的身体，事实上你需要一个较温柔的环境。我这种话也许会使你很生气，但这些全是我对于你的诚挚的友情中所发出的一些无我的意见。我相信你如真结了婚一定会使我感到甚大的悲哀，因为也许我们本来不痛快的交往将更受到一重无可如何的拘束，但我对你太关切了，我殊不愿见你永远是一头彷徨歧路的迷羊。我自己又是那么无能为力，除了爱你之外，对你一点用处都没有的。

你当然也不要太用功（我知道你不会用功的），但在之江这种地方如果说稍为读读书就会对健康有碍的话，我总不能相信。我自己的体格，谁都说我很不好，但在如今这种不健康的环境里过着不健康的生活，两年了，身体也不见坏到甚么地方去。太娇养了也是不对的。

我是个理想家，想到现实会使我黯然，但我也不想躲避现实，一切凭着上帝或魔鬼的旨意吧！

一切的祝福，你知道我将爱你到永远，像爱一个最欢喜的兄弟姐妹一样。

朱　五日晚

先还你五块钱，因需要付房租等没得多，其余的五块过两星期后准还你，虽然我知道你并不要紧。

给你看我今年的收支

阿姐：

我以为我今年（指阴历新年以后）特别用钱，仔细一算，却也并不怎样超过规限：

二月份起——

收入

正式工资 $127.00

额外工资 $65.00

欠薪发还 $30.00

共 $222.00

支出

膳宿 $60.00

寄家 $60.00

借去 $30.00

不可免的用途 $7.00

浪费 $50.00

共 $207.00

净余 $15.00

学Micanber的语调：Indispensable expenses, 10%of the income; extravagance, 90%; result, happiness. Indispensable expenses, 90%; extravagance, 10%; result, misery.①

昨天我待自己很好，请吃了一顿满意的夜饭，虽然只费去四角四分钱。并且看了迷人精Marlene Dietritch②的戏，Marlene虽然到现在未失去光芒，但她最红的时代的作品我不曾看过，近年来她的东西我倒是每部看的，《恋歌》在Marnonin的导演下是富有诗味的，但不是她本色的作风。《凯塞琳女皇》和Bergner的那一部一比起来，自然是大为逊色，虽然并不是她的错处。《女人是魔鬼》中她充分发挥了自己，但导演Von Sternbourg先生又失败了一次，只不是全然的失败。这部《欲望》，可算是她近来最漂亮的一本轻喜剧了。Borzage先生过去导演的成功作品，我都未曾寓目，近来的平庸作品却常看见，这也是他较好的一本了。在举世奉Shirly Temple为偶像的今日，对于有真实本事的演员如Bergner, Garbo, Hepburn, Dietritch等人，更不能不有甚深的敬仰。

我想世间最讨厌的东西，应该是头发梳得光光的，西装穿着笔挺的，满口Hello, yes, 举止轻佻的洋行小鬼了。比起他们来，我们家乡一般商店中的掌柜要风雅得多了。就是上海滩上凸

---

① 如果收入的10%用于必要开支，90%用于浪费，带来的结果是快乐；如果90%用于必要开支，10%用于浪费，带来的结果是苦恼。

② 应为Marlene Dietrich。

起大肚皮，头顶精秃秃俨然大亨神气的商人，也更有趣可爱一些，至少后者的大肚皮是富于幽默的。

我盼望你今天会有信来。我爱你这样多（"这样多"是so much的直译）。愿你快活。

哺乳类脊椎动物之一

爱虽不能永劫，但可以无穷

好友：

在编辑室的火炉旁熏了这么半天，热得身上发痒。回到自己房间里，并不冷，可是有些发抖的样子。心里又气闷又寂寞，躺在床上淌了些泪，但不能哭个痛快。

家里等着我寄钱去补充兄弟的学费，可是薪水又发不出，存款现在恐怕不好抽，只好让他们自己去设法了。郑天然叫我代买两部佛典，一调查价钱要十块左右，实在没法子买给他。自己要买书也没钱，War and Peace①已经读完，此后的黄昏如何消磨又大成问题。写信又写不出新鲜的话儿，左右不过是我待你好你待我好的傻瓜话儿。除了咬啮着自己的心以外，简直是一条活路都没有。读了你的信，"也许不成功来上海"，这"也许"两个字是多加上去的，我知道最后的希望、最后的安慰也消失了。

人死了，更无所谓幸不幸福，因为有感觉才能感到幸福或苦痛。如果死后而尚有感觉的话，那么死者抛舍了生者和生者失去了死者一定是同样不幸的。但人死后一切归于虚空，因此你如以他们得到永恒的宁静为幸福，这幸福显然他们自己是无法感觉到

---

① 《战争与和平》。

的。我并不是个生的讴歌者，但世上如尚有可恋的人或事物在，那么这生无论怎样痛苦也是可恋的。因此即使山海隔在我们中间，即使我们将绝无聚首的可能，但使我们一天活着，则希望总未断绝，我肯用地老天荒的忍耐期待着和你一秒钟的见面。

你记不记得我"怜君玉骨如雪洁，奈此烟宵零露溥"两句诗？这正和你说的"我不知道她们静静地躺在泥里是如何沉味"是同样的意思。这种话当然只是一种空想，现代的科学观已使人消失了对于死的怖惧，但同时也夺去了人们的安慰。在从前一个人死时可以相信将来会和他的所爱者在天上重聚，因此死即是永生，抱着这样的思想，他可以含笑而死。但在现在，人对于死是一点希望都没有的，痛苦的一生的代价，只是一切的幻灭而已，死顶多只是一种免罪，天堂的幸福不过是一种妄想，而失去的人是永远失去了的。

我第一次看见死是我的三岁的妹妹，其实不能说是看见，因为她死时是在半夜里，而且是那么突然的，大家以为她的病没有甚么可怕的征象，乳母陪着她睡在隔房，母亲正陪着我们睡好了。忽然她异样地哭了起来，母亲过去看时，她手足发着痉挛，一会儿就死了。我们躲在被头里不敢做声，现在也记不起来那时的感觉是怎样的，后来她怎样穿着好抱下去放进棺材里直至抬了出去，我们都被禁止着不许看。此后我也看见过几次亲戚邻居的死，但永不相信我的母亲也会死的。即使每次医生的摇头说没有希望了，我也总以为他们说的是诳话，因为这是无论如何不可能有的事。虽则亲眼看见她一天坏一天，但总以为她会好过来，而且好像很有把握似的，其实她早已神智丧失，常常不认识人了。

问卦的结果，说是如能挨过廿九三十（阴历的十一月里），便无妨碍，那时当然大家是随便甚么鬼话都肯相信的，廿九过去无事，大家捏了一把汗等待着三十那天，整个白天悠长地守完了，吃夜饭时大家分班看守着，我们正在楼下举筷的时候，楼上喊了起来，奔上去看时，她已经昏了过去，大家慌成一片，灌药掐人中点香望空磕头求天，我跪在床前握住她的手着急地喊着，她醒过来张眼望了我一望，头便歪了过去，断气了。满房间里的人都纵声哭了起来，我们都号啕着在楼板上打滚，被人拖了出去，好几天内都是哭得昏天黑地的。放进棺材之后，棺中内层的板一块块盖了上去，只露着一个面孔的时候，我们看见她脸上隐隐现出汗珠，还哭喊着希望她真的会活过来，如果那时她突然张眼坐了起来，我们也将以为自然而不稀奇的事，但终于一切都像噩梦一般过去了。此后死神便和我家结了缘，但总不能比这次的打击更大。这次把我的生命史完全划分了两半，如今想起来，好像我是从来不曾有过母亲有过童年似的，一切回忆起来都是那样辽远而渺茫。如果母亲此刻能从"无"的世界里回到"有"的世界里来，如果她看见我，也将不复能认识我，我们永远不能再联系在一起，因为过去的我已经跟她一同死去了。再过十年之后，我的年纪将比她更大，如果死后而真有另一世界存在，如果在另一世界中的人们仍旧会年长起来变老起来，那么我死后将和她彼此不能认识；如果人在年轻时死去在那一世界中可以保持永久的青春的话，那么她将不敢再称我为她的儿子。等到残酷的手一把人们分开，无论怎样的希望梦想，即使是最虔诚的宗教信仰，也是毫无用处了。愚蠢而自以为智慧的人，以为既然生离死别是不可避免的事，不如把一切的感情看得淡些。他们不知道人生是赖感情维系着的，没有亲爱的人，活着也等于死一样。如果我在当时知道我母亲会死的话，在她活着的时候，我本来爱她十分也得爱她一百分一千分。因为我们和我们所爱的人终有一天会分手，因此在我们尚在一起的时候就得尽可能地相爱着，我们的爱虽不能延长至于永劫，但还可以扩大至于无穷。

苏曼殊这人比我更糊涂些，以才具论也不见得比郑天然更高明，我只记得他的脸孔好像有点像郑天然。

我相信你的读书成绩一定很不坏，一共拿了两只三就说是从未有过的不好（体操的吃四反而表示你的用功，因为读书用功的人大抵体育成绩不大好，虽则体育成绩不好的人未必一定读书用功，因此这自然不能说是你用功的绝对的证据——我不要让你用逻辑来驳我）。一个人不要太客气，正如不要太神气一样。难得拿到一两个三的人，还要说自己书读得不好仿佛该打手心一样，那么人家拿惯四拿惯五甚至常拿六的人该打甚么好呢？你们女学生或者以为拿到三有些难为情，我们男学生倘使能每样功课都是三，就可心满意足，回去向爹娘夸耀了。

我读书的时候，拿到的一比二多，三比四多，这表示我读书不是读得极好，就是极糟糕，所以他们不大给我四者，因为是不好意思给我四的缘故，叫我自己给自己批起分数来，一定不给一就给四或五，没有二也没有三的。

其实这些记号有甚么意思呢？读书读得最好的人往往是最无办法的人。一个连大学都没有资格称的敝学院的所谓高材生，究竟值得几个大呢？想起来我在之江里的时候真神气得很，假是从来不请的，但课是常常缺的（第一年当然不这样，因为需要给他们一个好印象），没有一班功课不旷课至八九次以上，但从来不曾不给学分过。体育军训因为不高兴上，因此就不去上。星期一的纪念周，后来这一两学期简直从来不到。甚么鸟名人的演说，听也不要去听。我相信之江自有历史以来都不曾有过一个像我一样不守规则而仍然被认为好学生的人。到最后一学期，我预备不毕业，论文也不高兴做，别人替我着起急来，说论文非做不可，好，做就做，两个礼拜内就做好了，第一个交卷。糊涂的学校当局到最后结算甚至我的名次第三都已排好了的时候，才发现我有不能毕业的理由。我只笑笑说毕不毕业于我没有关系，你们到现在才知道，我是老早就知道的（钟先生很担心我会消极，但我却在得意我的淘气，你瞧得个第三有甚么意味，连钱芬雅都比不上）。他们说，你非毕业不可，于是硬要我去见校医（我从来不上医药室的，不比你老资格），写了一张鬼证明书呈报到教育部去说有病不能上体操和军训课，教育部核准，但军训学科仍然要上的，好，上就上，我本来军训有一年的学分，把那年术科的学分算作次年的学科，毫无问题，你瞧便当不便当？全然是一个笑话。文凭拿到手，也不知掼到甚么地方去了。

今后是再没有神气的机会了！

我觉得你很爱我，你说是不是？（不晓得！）人家说我追求你得很厉害，你以为怎样？我说你很好很可爱，你同意不同意？你说我是不是个好人？

这回又看不见你，我很伤心，我以为我向你说了这么多可怜话，你一定会可怜我，来看我的，哪里知道你怕可怜我会伤害我的自尊心，因此仍然不来，这当然仍表示你是非常之待我好。但以后如果我说我要到杭州来的时候，你可不要说，"你来不来我都不管"了，这种话是对情人说的，但不是对朋友说的，你应当说，"你来，一定来，不要使我失望"。你不懂的事情太多，因此我得教教你。唉！要是你知道我想念得你多么苦！

三日夜

宋清如先生鉴：此信信封上写宋清如女士，因为恐怕它会比你先到校，也许落在别人手里，免得被人知道是我给你的起见。

时间重得拖都拖不动[1]

清如贤弟：

　　昨天夜里看Booth Tarkington[2]的《十七岁》，看到第二百页的时候，已经倦得了不得，勉强再看了三四十页，不觉昏昏睡去，做了许多乱梦，其中有一个梦五彩缤纷，鲜丽夺目（你有没有做过五彩的梦？），迨到睡醒，忽然看见电灯尚未扭熄，大吃一惊，如果给居停看见了，又要痛心电费。一看表已快五点钟，熄了灯，天也已亮，于是把《十七岁》看完，再睡下去，梦魇了起来，照例是身子压得不能动弹，心里知道在梦魇，努力想挣扎醒来，似乎费了九牛二虎之力把半身抬起，其实仍旧躺在床上那一套。

　　在良友里用廉价把《十七岁》买来，作者B.T.或者不能说是美国第一流的作家，但总是第二流中的佼佼者，描写十七岁男孩子在初恋时种种呆样子，令人可笑可怜，至少很发松，大可供消遣之用。"大华烈士"以论语派的文字把它译出，译文也不讨厌。如果你不讨厌我只会向你献些无聊的小殷勤，便寄给你。实

---

[1] 含信四封。
[2] 美国作家布斯·塔金顿。

在！让疯头疯脑的十七岁做做恋爱的梦，也尚可原谅，如果活过了二十岁还是老着脸皮谈恋爱，真太不识羞了，因此我从来不曾和你恋过爱，是不是？

今天希望有你的信（但似乎是没有的样子）。我待你好。

吃笔者　十四

好人：

为甚么你欢喜叫我朱先生我总不懂，简直使我很悲哀。

我知道你成绩并不坏，如果从来不曾用过功，更见得你的天才，因此不用再自谦了，如果你门门功课拿1[①]，我也不见得会更爱你一些。

我要寄一些外国花纸头给你：

No. 1 "Scenes Galantes" of the Romantic Period[②]（19世纪法国名画四帧）

No. 2 Sleeping Beauty[③]（色粉素描）

No. 3 猎人与枭（水彩）

No. 4 舞蹈素描六帧

[①] 之江大学当时的评分，以1为最好成绩。
[②] 18世纪末至19世纪初，浪漫主义时期求爱主题的绘画。
[③] 睡美人。

No.5 画人谑画九帧　附说明

很精美的印刷物，收到后告知我一声。

我想你得不得了，怎么办？几时才许我看见你？我明知你并不欺负我，但总觉得似乎你欺负我一样。地球明年要和某行星相碰，我们所处这一带很有陆沉的危险，要是不能多见你几次面，岂不令我饮恨而长终？

又怨又气又恨又伤心，你的来信也不能使我略快活一点，很想发神经病打地上滚。

我确信你是个女人，但我害怕你不大能做得来女人，正如你做起男人来也要失败一样。

不骗你，从那天为了你做了一次阿木林后，一直抱悲观到现在，时间重得拖都拖不动。

房间内是狗窝一样糟，窗外是单调的房屋和半片灰黑的天，耳朵里是怪难听的无线电播音和隔壁不断地放自来水的声音。一个黄昏从八点到十一点之间，那间洗脸室浴室兼厕所是永远没有空的，心烦的时候听着那种水声简直要发疯。其实如果有眼睛而不能见你，那么还是让它瞎了吧，有耳朵而不能听见你的声音，那么还是让它聋了吧，多少也安静一点，只要让心不要死去，因为它还能想你。（下略）

去年有一个时候我专门跟我案头的格言日历捣蛋：

四月廿九：醇酒与妇人是痛苦之原因——玛歇尔（痛苦是醇酒与妇人之原因）

五月三日：总不使吾之嗜欲戕贼吾之躯命——曾国藩（设人以不享乐而长命，生命不啻为长期之系狱）

六日：空言要少，实行要多——韩瑞芝（多作空言，可出风头，实行让诸笨人）

七日：人不能绝灭爱情，亦不可恋爱情——培根（人根本无爱情，因人根本是个人主义者故）（人做了许多次数傻子以后所获得的代价是一种经验，这种经验便是明白自己是个傻子）

八日：破衣破袜破巾，不足以为耻，德行一破，其耻曷当——胡氏家训（破衣破袜破巾，人见之而姗笑，是为以耻，德行一破，人视若无睹，斯不足以为耻）

十日：仰不愧于天，俯不怍于人——孟子（仰不愧于天，因鬼神为妄语，俯不怍于人，因人人与我一辙）

十一日：先天下之忧而忧，后天下之乐而乐——范仲淹（先天下之乐而乐，后天下之忧而忧，庶几乎受用）

十四日：十二时中，莫欺自己——葛邲（人以自骗骗人为生活之根据）

十六日：兄须爱其弟，弟须敬其兄——方正学（倘兄不足敬，弟不足爱，则如之何）

十七日：父兮生我，母兮鞠我，抚我育我……昊天罔极——《诗经》（我不欲父母生我，父母奚为生我）

廿八日：浊富宁可清贫——姚崇（贫而不能清，则如之何）

六月一日：生死穷达，不易其操——苏轼（不易其操者，有死无生，有穷无达）

四日：勿谓今日不学有来日，勿谓今年不学有来年——朱子（今日不学有来日，今年不学有来年）

五日：做人以居心宽厚，气度和平为主——蔡英（居20世纪之文明都市，殆无有居心宽厚气度和平者矣）

你要不要著一本书驳斥我？

寄上屠格涅夫《猎人日记》一本，及杂志两本，希望你谢谢我。

臭灰鸭蛋

朋友：

今天你也显出你的弱点来了。我还以为你真是"寡情"的，然而寡情的人是应该无爱亦无恨的，那么发狠做甚么。

你骂我，我会嬉皮涎脸向你笑；你捶我，虽然鸡肋不足以当尊拳，但你的小拳头估量起来力气也无多，不至于吃不消；你要看我气得呕血，也许我反会快乐得流眼泪。我猜想你一定想念我，否则该已忘了我（已经四五十年不通信了呢，把一天当作三年计算）。我早已对你说过我向你说的是谎话，因此你不该现在才知道。你不要我怜悯，我偏要怜悯你，小宝贝怎么好让你枯死渴死萎死呢？天那么暖，冰冻死是暂时不会的。

一个人只被人家当作淡烟一样看待，想想看也真乏味得很，我倒愿做一把烈火把你烧死了呢。做人如此无聊，令人不高兴写信。

寄奉图画杂志两本，并内附图画数幅，亦小殷勤之类。你如嫌嘴酸，不要骂我也罢，如嫌手痛，不要捶我也罢，如怕自己心痛，不要看我呕血也罢。

老鼠（因不及小猫，故名）

我爱宋清如

我爱宋清如，风流天下闻；
红颜不爱酒，秀颊易生氛。
冷雨孤山路，凄风苏小坟；
香车安可即，徒此挹清芬。

我爱宋清如，诗名天下闻；
无心谈恋爱，埋首写论文。
夜怕贼来又，晓嫌信到频；
怜余魂梦阻，旦暮仰孤芬。

我爱宋清如，温柔我独云；
三生应存约，一笑忆前盟。
莫道缘逢偶，信知梦有痕；
寸心怀夙好，常艺瓣香芬。

又打油诗三首

我的快乐即是爱你

宋：

  心里说不出的恼，难过，真不想你竟这样不了解我。我不知道甚么叫作配不配，人间贫富有阶级，地位身份有阶级，才智贤愚有阶级，难道心灵也有阶级吗？我不是漫然把好感给人的人，在校里同学的一年，虽然是那样欢喜你，也从不曾想到要爱你像自己生命一般，于今是这样觉得了。我并不要你也爱我，一切都出于自愿，用不到你不安，你当作我是在爱一个幻像①也好。就是说爱，你也不用害怕，我是不会把爱情和友谊分得明白的，我说爱，也不过是纯粹的深切的友情，毫没有其他的意思。别离对于我是痛苦，但也不乏相当的安慰，然而我并不希望永久厮守在一起。我是个平凡的人，不像你那么"狂野"，但我厌弃的是平凡的梦。我只愿意凭着这一点灵感的相通，时时带给彼此以慰藉，"像流星的光辉，照耀我疲惫的梦寐，永远存一个安慰，纵然在别离的时候"。当然能够时时见见面叙叙契阔，是最快活的，但即此也并非十分的必要。如果我有梦，那便是这样的梦；如果我有恋爱观，那便是我的恋爱观；如果问我对于友谊的见

---

① 幻象。后同。

解，也只是如此。如果我是真心地喜爱你（不懂得配与不配，你配不配被我爱或我配不配爱你），我没有不该待你太好的理由，更懂不得为甚么该忘记你。我的快乐即是爱你，我的安慰即是思念你，你愿不愿待我好则非我所愿计及。

愿你好。

朱　廿四

我不很快乐,你不很爱我

青女:

我不很快乐,因为你不很爱我。但所谓不很快乐者并不等于不快乐,正如不很爱我不等于不爱我一样。而且一个人有时是"不很"知道自己的,也许我以为我爱你,其实我并不爱你;也许你以为不很爱我,其实很爱我也说不定,因此这一切不必深究。如果你不接受我的欢喜,你把它丢了也得,我不管。因为如果你把"欢喜"还给我,那即是说你也得欢喜我,我知道你是不肯怎样很欢喜我的。你以为你很不好也罢,我只以为你是很好的。你以为将来我会不欢喜你也罢,我只以为我会永远欢喜你的。这种话空口说说不能令人相信,到将来再看吧。我希望我们能倒转活着,先活将来,后活现在,这样我可以举实在的凭据打倒你对我的不信任。

我永远不恨你骂你好不好?

不准你问我要不要钱用,因为如果我没钱用而真非用不可的时候,我总有设法处的,要是真没有设法处,我也会自己向你开口的。此刻我尚有钱。

兄弟如有不好之处,务望包涵见谅为荷!

以后我每天或间一天给信你,你每星期给一次信我,好不好？其实我只要你稍为有点欢喜我，就已心满意足了，我相信你总不致于①全然不欢喜我，有时你说起话来带着——不说了。

我发疯似的祝你好！

丑小鸭　十

---

① 不至于。

我一定要把你欺侮得哭不出来

宋：

你把我杀了吧，我越变越不好了。

我想不出你将来会变得怎样，但很知道我自己将来会变得怎样，当我看见一个眼睛似乎很贪馋，走路东张西望，时常踩在人家脚上，嘴里似乎喃喃自语的老头子，我就认识这就是我。

今天幸亏天气好——不热，有些雨，否则我一定已经死了，最近的将来我一定要生几天病，因为好久不病了。

要是世上只有我们两个人多么好，我一定要把你欺侮得哭不出来。

俚词四首（借用张荃女史诗韵）

水面花飘水面舟　猖狂一辈少年游
宁教飞花随水去　莫令插向老人头
美人汗与花香融　且敞罗衫纳野风
春去春来都不管　好酒能驻朱颜红
恼杀枝头间关禽　恼杀一院春光深
敲碎一树桃李花　莫教历落乱侬心
陌上花儿缓缓开　天涯游子迟迟回

只愁来早去亦早　　不如日日盼伊来

　　我爱宋清如，因为她是那么好。比她更好的人，古时候没有，以后也不会有，现在绝对再找不到，我甘心被她吃笔。

　　我吃力得很，祝你非常好，许我和你偎一偎脸颊。

无赖　星期日

我爱你，不和你谈君子之交

傻丫头：

我不要向你表敬意，因为我不要和你谈君子之交。如果称"朱先生"是表示敬意，"愿你乖"是不是也算表示敬意？你说如果有人称你宋先生你决不嫌客气，这里自从陆经理以下至于用人都和你一样称我为朱先生（除了我们的主任称我为"生豪公"，英文部一二个同事称我为"密斯脱朱"，因为他们懂得英文的缘故，一位茶房亲热地称我为"朱"，大概自以为这样叫法很时髦，不知全然缺乏了"敬意"），我又何尝嫌他们客气？问题只是在你称我为朱先生是否合适这一点上。就常识而言，"先生"二字是对于尊长者及陌生或疏远者的敬称，在俚俗的用法中，亦用于女人对他人称自己的丈夫或称他人的丈夫的代名词，如云"我家先生不在家""你的先生有没有回来？"等。用于熟识的朋友间，常会有故意见疏的意味，因此是不能容忍的。

今天，没有甚么好说的，上午满想睡半天，可是到十点钟仍旧起来了，读了一些……下午……天晓得我真要无聊死。

我爱你，此外甚么都不知道。

心里异常不满足，因为写不出甚么话。要是此刻你来敲门唤我，出去take a walk①多好。

黄天霸　五夜

---

① 散步。

我待你好，愿与不愿？

宝贝：

　　说得那样可怜。自己要别人忘记你，别人信刚写得略微迟一点就那么急，真有意思！我不会恼你的，即使你的话说痛了我的心也仍是欢喜你的。也许你望着月亮的时候，我正在想着我的宝贝笑哩，或者是正神往于那天的同游也说不定。

　　回答我，不准含糊：究竟你愿我待你好还是不愿我待你好？只回答我愿与不愿，不准说其余的话。如不回答，只算你默认愿意。

　　明儿你上北方去，大概我已经死了，否则总不会不知道，也许我连做人的一半资格都没有，所以你说没有半个人知道。我想我一定要更多地写信给你呢，也许那时心情好一些，能说一些略微有意思一点的话，你也有更多的物事好告诉我吧？别离是只使我更爱你的，想到我的好人一个子跑得那远，无论如何，要不爱她是不行的。

　　日子过得非常恶劣，只想你是我的安慰，昨夜我梦见你的。

朱

不要不待我好,在这世上我最欢喜你

宋:

昨夜我写了一封痴痴癫癫的信,幸亏不寄出,否则你又要骂我。

我知道你很爱我,如果你骗你自己说不爱我,我也无法禁止你。

照相即使你硬要送给我,我也不要了,因为你已送过了别人。你瞧我好像也会喝醋的样子。

关于朋友我向来主张"不交主义",除非人家要来交我,我决不去交人家。男朋友我也不要,何况女朋友,何况是含有特殊意义的女朋友。除非你忍心要我在不相识的姑娘们前出乖露丑,像一个呆大女婿那么地,你总不好意思劝我交女朋友吧?

你说的"光明坦白"四个字我也不很懂,心中存着"光明坦白"四个字,已经有些不十分光明坦白了,时时刻刻记得这四个字而去交起朋友来,往往会变得充满了做作。友情不是可以用人工方法培植起来的,毫无理由地和一个不相识者交起朋友来,随便你怎样光明坦白也是awkward[①]的。你老是说些不通的话,真

---

① 笨拙的、拙劣的。

是可爱得很。

　　你因为客气而不骂我,不知这算不算得光明坦白?如果朋友有失而不骂,也未免不够交情。只有好朋友的骂才能使人心悦诚服,即使使被骂者脸红耳赤,也不致怀恨在心,你为甚么不骂我呢?还是我没有被你骂的资格?——我简直要声势汹汹地质问你。

　　你原来就是笨的,现在并不比从前更笨,可是笨得可爱。

　　这次你写了一段很好的文字:"日日在怅惘中看着天明,再由白天挨到夜晚。这种不快意的心情,说悲哀似乎太重,说惆怅又嫌太轻,要说这是愁,那我更不知是愁些甚么来。"令人咏叹不尽。

　　不要不待我好,在这世上我最欢喜你。

朱　十九

我爱你，几时我们一块儿放羊去

宋：

　　总之你不好

　　我爱你

　　我不快活，灰心，厌世，想钻到坟墓里抱死人睡觉。

　　想吃点甚么，心里饿得慌。

　　几时我们一块儿青草地上放羊去

　　你不待我好，我知道的

　　明天又是星期了。上星期日整天看影戏，索性连中饭夜饭完全不吃，其实自己知道那天没有一张片子值得看的，因此目的并不在看戏，除了杀时间之外，完全是为的虐待自己，我完全不要看《泰山情侣》，但偏偏去看了，如果那真也能像《爱斯基摩》一样给我意外的惊喜，那我一定要大大地失望了，幸而好，真是一张荒谬不通讲不到电影艺术的东西，耐心着看完了出来，很满意，因为我抵庄着看坏片子，不虚此行了。一般人大概都与我有同病，因此这片打破了卖座纪录，从来不看电影的人也要看它一看，因为他们不曾看过电影，因此这一张在他们所看过的电影中间自然是顶好的一张了。

朱朱

第六章

风和日暖,令人愿意永远活下去

宋清如写信常常称朱生豪为朱先生,朱先生很生气,不许她这样叫,还要用世界上最肉麻的称呼来称呼她,以示警告。他确实常常在信中纠正她的文法和错别字,因为她以后是要当先生的,老写别字可是不好。

他还鼓励她也试试做翻译的工作,这样的话两个人的话题一定会更多。后来,朱生豪在老家译莎时,怕宋清如无聊,把《李尔王》交给她,让她也翻译。她没有译,如果译的话,他一定会帮她忙。她在楼下做家务,买汰烧。当时穷,吃的几乎都是青菜豆腐,一清二白。烧两只鸡蛋算是开荤了。有一天,他问她:"要用两个字反映罗密欧与朱丽叶两家的世仇,你看用甚么词来得好?"她说:"交恶?"他很高兴。

我伤心得很

好人：

你的文法不大高明，例如，"对于你的谣言，确使我十分讨厌"这句话，应该说作"你的谣言确使我十分讨厌"，或"对于你的谣言，我确十分讨厌"。

这样吹毛求疵的目的是要使你生气，因为我当然不愿你生我气，但与其蒙你漠不关心我，倒还是生气的好了。我不想责备我自己，因为我觉得我已够可怜，但我发誓以后不再naughty①（虽然我想我不用告诉你我是怎样"热烈期待"着这次的放假，为的有机会好来看看你；年初一的夜里，我是怎样高兴得整夜不睡；天气恶劣怎样反而使我欢喜，因为我可以向你证明我的一片诚心；次日清晨我怎样不顾一切劝阻而催促他们弄饭，饭碗一丢就扬长而去；我是怎样失望发现第一班车要在十一点钟才有，我不能决定还是走好还是不走好，我本想当天来回，这样恐怕不成功了，姑且回了家再说；回到家中，两只脚又是怎样痛得走不动，为着穿了紧的皮鞋；乘兴而去，败兴而来，当然勇气要受了挫折……这些话也许都会被你算作讨厌的谣言），也不再把你的

---

① 顽皮。

名字写得这样难看；但任何国际条约必须基于双方平等的基础上，我希望你也不要叫我朱先生或十分谢谢我。

你的命令我不能不遵从，因为你特意把"要"字改为"准"字，不要你来信只是表示我不愿意你来信，但尚未有禁止之意；不准便由愿望改为命令了。但是我希望等番茄种子寄出之后（当然那必须附一封信，否则你不知道是谁寄来的），我还可以有写信问你有没有收到的权利是不是？

我伤心得很。

厌物　廿三

最好我们逃到一个荒岛上去

宝贝：

要是我的母亲"宝贝、心肝、肉肉、阿肉、阿宝、囡囡、弟弟、阿囡、好囡、乖囡、乖宝、小囡"地叫我，我一定要喊她"不要肉麻"。用一种喊法已够，一连串地叫起来，不亦过甚乎？

我伤心得很。

最好我们逃到一个荒岛上去，我希望死在夕阳中，凝望着你的出神的脸。

世上竟有没出息的男子如小生者乎？我最怕人家对我说两句话，一句话是"不要浪费你的时间，好好努力"，一句话是"年纪不小了，快快结婚"。结婚的成为问题不只单单在于成为一个女人的丈夫，还得兼为她的父母的女婿，她的伯叔的侄婿，她的兄弟姐妹的姐夫妹夫，她的姐夫妹夫的连襟，以及说不清的种种关系，以及她的儿子女儿的父亲，岂不难于上青天乎？

Chief[①]诚意地要介绍"女朋友"给我，我说不要，因为这种事情太Awkward。

---

① 单位或部门的长官。

我一点学问也没有,学问是可以求得的,我的毛病是我看不起学问。你看怎么办?要我做起文章来,著起书来,一来都不来。我想不出我有甚么用处。

惟一的自慰是你并不比我高明。
我待你好,不许骂我。

十六

有的好花是短寿的,但好花不一定都短寿。蔷薇你又写成了"薇薇"。
你顶待我好而且待我顶好是不是?
这封信被刀挖得多么可怜,你疼不疼它?

爱和妒是分不开的

宋：

以后我接到你信后第一件事便是改正你的错字，要是你做起先生来老是写别字可很有些那个。

可是我想了半天，才想出"颠顸"两个字，你写作"瞒肝"的。

你有些话我永远不同意，有时是因为太看重了你自己的ego①的缘故，例如，你自以为凶（我觉得许多人说你凶不过是逗逗你，他们不会真的慑伏②于你的威势之下的），其实我永远不相信会有人怕你（除了我，因为我是世上最胆怯的人）。

随你平凡不平凡，庸劣不庸劣，瞒肝不瞒肝，我都不管，至少你并不讨厌，至少在我的眼中。你知道你并不真的希望我不要把"她"放在心上。

关于你说你对我有着相当的好感，我不想grudge③，因为如果"绝对"等于一百，那么一至九十九都可说是"相当"。也许我尽可以想象你对于我有九十九点九九的好感。我觉得我们的友

---

① 自我。
② 慑服。
③ 嫉妒。

谊并不淡淡，但也不浓得化不开，正是恰到好处，合于你的"中庸之道"。你的自以为无情是由于把"情"的界说下得过高的缘故，所以恰恰等于我的所谓多情。要是我失望，当然我不会满足，然而我满足，因此我不失望。至于说要我用火红的钳子炙你的心，使你燃烧起来，那是一个刽子手的事（如果有这样残酷的刽子手，我一定要和他拼命），我怎么能下这毒手呢？再说"然烧"的"然"虽是古文，在白话文里还是用"燃"的好。

"妒"是一种原始的感情，在近代文明世界中有渐渐没落的倾向。它是存在于天性中的，但修养、人生经验、内省与丰富的幽默感可以逐渐把它除根。吃醋的人大多是最不幽默，不懂幽默的人，包括男子与女子。自来所谓女子较男子善妒是因为社会和历史背景所造成，因为所接触的世界较狭小，心理也自然会变得较狭小。因此这完全不是男的或女的的问题。值得称为"摩登"的姑娘们，当然要比前一世纪的闺阁小姐们懂事得多，但真懂事的人，无论男女至今都还是绝对的少数，因而吃醋的现象仍然是多的。至于诗人大抵是一种野蛮人，因此妒心也格外强烈一些，如果徐志摩是女子，他也会说nothing or all[①]，你把他这句话当作男子方面的例证，是不十分可使人心服的，根本在徐志摩以前就有好多女子说过这句话了。我希望你论事不要把男女的壁垒立得太森严，因为人类用男女方法分类根本不是很妥当的。

关于"爱和妒是分不开的"一句话，我的意见是——所谓爱就程度上分可以归为三种：

---

① 要么没有，要么全部。

1.Primeval love, or animal love, or love of passion, or poetic love;

2.Sophisticated love, or "modern" love;

3.lntellectual love, or philosophical love.①

此外还有一种并不存在的爱,即Spiritual love, or "Platonic" love, or love of the religious kind②,那实在是第一种爱的假面具,可以用心理分析方法攻破的。

妒和第一种爱是成正比例的,爱愈甚则妒愈深,但这种爱与妒能稍加节制,不使流于病态,便成为人间正常的男与女之间的恋爱,完全无可非议。

第一种爱和第三种爱是对立的,但第二种爱则是一种矛盾的错综的现象,在基础上极不稳固,它往往非常富于矫揉造作的意味,表面上装出"懂事"的样子而内心的弱点未能克服,同时缺乏第一种爱的真诚与强烈。此类爱和妒的关系是:表面上无妒,内心则不能断定。

第三种的爱是高级的爱,它和一般所谓"精神恋爱"不同,因为精神恋爱并不超越sex的限界以上,和一个人于现实生活中不能获得满足而借梦想以自慰一样,精神恋爱并不较肉体恋爱更纯洁。但这种"哲学的爱"是情绪经过理智洗练后的结果,它无宁是冷静而非热烈的,它是non-sexual③的,妒在它里面根本不

---

① 1.原始的爱,或者动物的爱,或者激情的爱,或者诗意的爱。2.深于世故的爱,或者"现代的"爱。3.理智的爱,或者哲理性的爱。
② 精神之爱,或者"柏拉图式"的爱,或者宗教的爱。
③ 非性欲的。

能获得地位。

　　胡言乱语而已。

　　我待你好。

也也

我拍拍你的肩头

好友：

我并不真怪你，不过怪着你玩玩而已。你这人怪好玩儿的，老是把自己比作冷灰，怪不得我老是抹一鼻子灰。也幸亏是冷的，否则我准已给你烧焦了。我不大欢喜这一类比喻。例如，有人说"心如止水"，只要投下一块石子去，止水就会动起来了；有人说"心如枯木"，惟一的办法便是用爱情把它燃烧起来，你知道枯木是更容易燃烧的。至如你所说的冷灰，只要在它中间放一块炙热的炭，自然也会变热起来。但最好的办法还是给它一个不理睬，因为事实上你是待我很好的，冷灰热灰又有甚么相干呢？

你要是说你不待我好，即使我明知是真也一定不肯相信。但你说你待我很好，我何乐而不相信呢？但我很希望听你说一万遍，如果你不嫌嘴唇酸的话。

你一定不要害怕未来的命运，有勇气把眼睛睁得大大的，凝视一切；没勇气闭上眼睛[①]，信任着不可知的势力拉着你走，幸

[①] "眼睛"两个字，原信上是画的一只眼睛。

福也罢，不幸也罢，横竖结局总是个The end①。等我们走完了生命的途程，然后透一口气相视而笑②。好像经过了一番考试，尽管成绩怎样蹩脚，总算卸却了重负，唉呵！

我拍拍你的肩头。

Villain

LEBENSMISSIONSVORSITZENDERSTELLVERTRETER（德文，意思是"粮食分配结束委员会委员长"，德文的复合词可以很长，这是朱生豪故意设法构成的一个长词）③

---

① 很可能是指影片结束时出现在银幕上的"剧终"。
② "笑"字，原信上是画了一张张大了嘴笑的脸。
③ 信末还有一句英文，字迹无法分辨，故没收录。

爱你，总不算是一件错事

清如：

　　本来是不该再写这信了，因为昨夜气了一夜，原谅我没有人可以告诉。

　　话太多，实不知从何说起。只恨自己太不懂事，以后该明白一些，我是男人，你该得疑惧我的。一向太信任"朋友"两个字，以为既然是朋友，当然是由于彼此好感的结合，至于好感得到何程度，那当然不是勉强而来。但爱一个朋友，总不算是一件错的事，现在才晓得要好是真不应该"太"的。我心里有无限的屈辱。

　　愿你相信我一向是骗你，我没有待你好过，现在也不待你好，将来也不会待你好，这样也许你可以安心一点。交朋友无非是多事，因为交朋友就要好，而你是不愿别人跟你要好的。现在我很相信你不时提说的那一句话，男女间友谊不能维持永久。这责任不是我负，因为我一向信任你，不信任人的是你。我殊想不到待你太好会构成我自己的罪名。我心里有无限的屈辱。

　　写不出了，主要的意思，仍没有说。愿你好，以后，我希望能使你安静一点。

　　做人，是太难堪了。

醒着时，专想辩驳你的话

清如：

昨夜又受了一夜难，今天头颈的两侧肿了起来，仍然没有死。

因为放假，在房间里躲了一天，看皇家电影画报，即使是电影杂志，英国人出的也要比美国人出的文章漂亮得多，比如说《卡尔门要不要剃掉他的小胡子》这一个卑琐的题目，也会写得颇生动。

似乎我很好辩，昨夜醒着时，专在想辩驳你的话，我想你说的"没有恋爱经验的人决不会心跳"这句话确实是异样重大的错误，很简单地反问你一句，那么富有恋爱经验的人反而会心跳吗？从未上过战场的人不会心跳，久历战场的人反会心跳吗？恋爱经验和心跳的程度是成反比例的。我告诉你，越未曾恋爱过的心越跳得厉害，它会从胸脯中一直跳出口里，因此有许多人一来便要说我爱你。固然就是我爱你也得加以审判，有的人不过是别有企图，或者不负责任地随便说说，但这些人的我爱你是空气经过嘴唇的颤动而发出的声音，并不是直接由心里跳出来的。

再论客气问题，我以为客气固然是文明社会所少不来的工具，然而客气也者，不过是礼貌上的虚伪，和实际的谦逊并不是一件东西，凡面子上越客气，骨子里越不客气，这是文明人的典型，倘使是坦率地显露自己的无能，那在古人是美德，在现代人看来是乡曲了。即孔子也说过"当仁不让"的话，因为时代的进展，目今是"当不仁亦不让"，不看见列强的竞扩军备吗？要是日本自忖蕞尔小国，不足临大敌，那么帝国的光荣何在？皇军的光荣何在？你如果还要服膺先圣之遗言，那么无疑要失去东四省的。这引伸①得太远了。

朋友以切磋琢磨为贵，敢以区区之意，与仁弟一商酌之。

关于半生不熟的问题，也曾作过严密的论辩，因为构思太复杂，此刻有些记不起来暂时原谅我，因为生病的缘故。

我咬你的臂膊（这是钟协良的野蛮习惯之一，表示永远要好的意思，当然也是很classic，很poetic的）。

关于半生不熟的思想问题，我的论辩如下：

我知道你不单恋爱缺少经验，就是吃东西也缺少经验，否则不会说出半生不熟的东西人家最爱吃的话来，至少一般人和你并无同嗜。固然煮鸡要煮得嫩，但煮得嫩不就是半生不熟，最好是恰到火候，熟而不过于熟，过于熟便会老，会枯，会焦。所谓过犹不及，过即是太老，不及即是半生不熟。同样所谓思想上的调和、折中、妥协，等等，固然革命的青年们是绝对应该唾弃的，但在处世上仍然有很大的用处。调和、折中、妥协的人都可以说是你所谓的聪明人。然而你要明白，调和、折中、妥协并不就是半生不熟，前者完全是政策关系，或阳左此而阴就彼，而阴左此

---

① 引伸。后同。

而阳就彼,运用得十分圆滑,便能两面讨好。然而半生不熟是思想的本身问题,在个人方面会使自己彷徨无出路,在应付环境一方面恰恰是两面皆不讨好。后者可以胡适之为例子,前者可以阮玲玉为例子。胡适之在以前是新思想的领袖人物,为旧人所痛恨,为新人所拥戴,总算讨好了一面;而今呢,老头子憎恶他仍旧,青年们骂他落伍,便是因为思想上不能与时俱进,成为半生不熟的缘故。阮玲玉的死,是死在社会的半生不熟和自己个人的半生不熟两重迫害之下。何以谓这社会是半生不熟的?可以从活的时候逼她死,死了之后再奉她为圣母一样的事实见之。要是在完全守旧的社会里,这样一个优伶下贱,又不能从一而终,没有一个人敢会公然说她好话的;在更新的时代里,那么,第一,她不会自杀;第二,即使自杀了,社会对她的死也只有冷静的批判,而不是发疯的狂热。这种畸形的现象,当然是半生不熟的社会里才会有,然而要适应这种半生不熟的社会,却应当用调和、折中、妥协的手段,要是再以自己的半生不熟碰上去,鲜有不危哉殆矣的。何以谓阮玲玉自己是半生不熟的?我们知道她是个未受充分教育,骨子里尚承袭着旧社会中一切女子的弱点,因此是怯懦、胆小、做事不决裂、要面子,其实和第一个男子离开了以后很可以独立了,而仍然要依附于另一个铜臭之夫的怀中;同时她却比普通女子多一些人生的经验,多有在社会上活动的机会,对于妇女的本身问题不无自觉,然而她不够做一个新女性(当然怎样算是新女性是谁都模糊的,这名词不过喊喊罢了,如其说单单进工厂去做女工便成为新女性了,更是简单得有些笑话),因为她没有勇气,没有勇气的原因是自己心理上半生不熟的矛盾。

因为一死表明心迹很近乎古烈士的行为，便激起了多情人们的悼惜，其实是多么孩子气得可笑啊。

这样的说法已和我本来批评你的半生不熟的原意有些出入了，但也可以当作引伸，你不为你自己辩护而为半生不熟辩护，这也是失着，我不知道你究竟是不是半生不熟？

但愿来生我们终日在一起

宋：

　　于是你安然到了家里，我也安然活着。当然我并不愿你来，也不盼你希望你来。今天又是下雨，但你不来而以因为我不愿你来作理由，却太使我恼，因为这是你第一回听我的话。如果我说，我愿你爱我，你愿不愿爱我呢？世上的事都是这样的，你如向人请求点恩惠，人家便将白眼报之，要是请他打一记耳光，人家便会欣然应命的。

　　当然是我的无理，你不要以为我怪你，但以后请你不要诱我了吧，那真有点难堪。

　　但愿来生我们终日在一起，每天每天从早晨口角到夜深，恨不得大家走开。

朱　廿六

你总不肯跟我吵吵架儿

宋家姐姐：

真的，不瞒你说，你的信很使我肚皮饿。

发奉

《国际关系论》一部

定价三元八角五折实洋一元九角

尊客台照

平淡得乏味，你总不肯跟我吵吵架儿。连烦恼都没有寻处，简直活不了。

祝你不安静。

小巫　十五

很希望你虐待我

宋：

怨到说不出来，我一点不想痛哭，只想到甚么高山顶上大笑一场，这样眼看着自己一天一天死下去真没意思。

我不懂为甚么我是这样不可爱，否则做一个Narcissus[①]，也可以顾影自怜一下，可是我对自己只有唾弃和憎恶。

你应该允许我爱你，因为否则我将更无聊，但你绝对不能爱我，实在我很希望你虐待我，让我能有一些伤心的机会，你瞧我无聊到无心可伤。

[①] 水仙花。古希腊神话中的美少年纳喀索斯，爱上自己水中的倒影，死后化为水仙。

我的心碎了,因为你虐待我之故

我近来很容易倦。夜里看书看到十一点钟,简直没法再看下去,勉强再挨了半点钟,才无可奈何地睡下。嘿,昨夜出了一件事。正在熟睡之际,忽然有很大的POP①!一声,把我惊醒,吓得在床上跳了三跳,疑心是被头里放着一个气球,因为翻了个身把它压破了;当然不会是炸弹吧?也许是□□□□□(不甚雅驯,故抽去)?也许是……可是这些假设都不合事实与逻辑,因此我亮了电灯披了衣裳起来察看,门角落里床底下都看到,可是找不出甚么问题来,一直找到天亮,才发现……你猜是甚么?要不要我告诉你?原来是……原来是我的心碎了,当然是因为你虐待了我之故。

不要胡说!

因为要赶着完成那部"巨著",被驱得团团转,这种工作你做上一天(假定你做得来的话),一定要发神经病。还要改函授学校课卷。一位常熟的仁兄,英文字写得很像你,写的甚么我懂都不懂,真是宝货。

---

① 英语象声词,表示"砰"的一声。

我希望世界毁灭。明天星期，hurrah①！这个星期过去得真慢。

所有的人都像臭虫，宇宙是一个大的臭皮囊。

五九

---

① 英语感叹词，表示欢呼。

不要绝交好不好

老弟：

  我的意像①，

  腐烂的花，腐烂的影子，

  一个像哭的微笑，

  说不清的一些乱七八糟的梦，

  加上一张你的负气的面孔，

  构成一幅无比拙劣的图画。

  说绝交在理论上完全赞成，事实上能不能实行是一个问题，因为如果单是面子上装做绝交，大家不通信不见面，这是很容易的，但能不能从心理上绝交呢？至少我没有要下这一个决心的意思。你的没用、你的可怜的怯弱，除了你自己以外就我知道得最清楚，大英雄无可无不可，决不会像你那样倔强好胜的。我是怎样一种人你也大部分都知道，有些地方和你很相近，也有些地方和你不同，要是你以为我是个了不得的人，当然你不敢称我做孩子的。如果我们不想以幻象自欺自慰，那么要获得一个比真相更美好的印象是不必的。我不知道你会不会有一天要讨厌我起来，

---

① 意象。

但我可以断定的是我决不会讨厌你，你完全中我的意，这不是说我只看见你好的一方面而忽视了不好的一方面，实在我知道你不好的地方太多了，有些地方简直跟我的趣味相反，但如果你的好处只能使我低头膜拜的话，你的不好处却使我发生亲切的同情，如果你是一个完美的人，我将永不敢称你做朋友。三分之二的不好加上三分之一的好，这样而成的一个印象对于我觉得是无比的美妙，因为她不缺乏使我赞美之点，同时是非常可以同情的，如果把这印象再修得好一些，反而会破坏她的可爱，因为她将使我觉得高不可及了。

　　我所说的你的不好处，不过是以客观的标准而评定，在我主观的眼中，那么它们是完全可爱完全好的。

　　因此我说，不要绝交好不好？

十日午后

不许你再叫我朱先生

阿姐：

不许你再叫我朱先生，否则我要从字典上查出世界上最肉麻的称呼来称呼你。特此警告。

你的来信如同续命汤一样，今天我算是活转来了，但明天我又要死去四分之一，后天又将成为半死半活的状态，再后天死去四分之三，再后天死去八分之七……，直至你再来信，如果你一直不来信，我也不会完全死完，第六天死去十六分之十五，第七天死去三十二分之三十一，第八天死去六十四分之六十三，如是等等，我的算学好不好？

我不知道你和你的老朋友四年不见面，比之我和你四月不见面哪个更长远一些。

有人想赶译《高尔基全集》，以作一笔投机生意，要我拉集五六个朋友来动手，我一个都想不出。捧热屁岂不也很无聊？

你会不会翻译？创作有时因无材料或思想枯竭而无从产生，为练习写作起见，翻译是很有助于文字的技术的。假如你的英文不过于糟，不妨自己随便试试。

我不知道世上有没有比我们更没有办法的人？

你前身大概是林和靖的妻子，因为你自命为宋梅。这名字我一点不欢喜，你的名字清如最好了，字面又干净，笔画又疏朗，音节又好，此外的都不好。"清如"这两个字无论如何写总很好看，像"澄"字的形状就像个青蛙一样。"青树"则显出文字学的智识不够，因为"如树"两字是无论如何不能谐音的。

人们的走路姿势，大可欣赏，有一位先生走起路上身子直僵僵，屁股凸起；有一位先生下脚很重，走一步路全身肉都震动；有一位先生两手反绑，脸孔朝天，皮鞋的历笃落，像是幽灵行走；有一位先生缩颈弯背，像要向前俯跌的样子；有的横冲直撞，有的摇摇摆摆，有的自得其乐；有一位女士歪着头，把身体一扭一扭地扭了过去，似乎不是用脚走的样子。

再谈。

朱　一日

我要打宋清如，那尼姑

清如：

要是我死了见上帝，一定要控诉你虐待我。

人已做到了山穷水尽的地步，再有何说？要是我进了修道院，我会把圣母像的头都敲下的。

总之你是一切的不好，怨来怨去想不出要怨甚么东西好，只好怨你。

今天提篮桥遇见了苏女士，照理一年不见了应该寒暄几句，可是她问我那里去，我想不出答案，便失神似的说回去，她似乎觉得这话有点可笑，我只向她笑笑而已，一切全是滑稽。

愿上帝祝福所有的苦人儿！

如果穷人都肯自杀，那么许多社会问题，都可不解决而自解决，我以为方今之世，实有提倡自杀的必要。

总之你太不好，我这样不快活！

再没有好日子过了，再不会笑笑了，糖都要变成苦味了，你也不会待我好了。

总之这样下去是不成的，我宁愿坐监牢。

为甚么你要骂我？为甚么你……人家都给他们吃，只不给我吃，我昨天不也给你吃花生？

我秘秘密密地告诉你,你不要告诉人家,我是很爱很爱你的。
我是深爱着青子的,
像鹞鹰渴慕着青天,
青子呢?
睡了。
鹞鹰呢?
渴死了。
没有茶吗?
开水是冷的。
我要吃ice cream①。
我要打宋清如,那尼姑。

---

① 冰淇淋。

风和日暖，令人愿意永远活下去

我不知道是甚么东西，卢骚的《新哀洛绮思》[1]（师范英文选第三册选入，这种物事好教学生！以文章而论，哥德的《维特》[2]当然好得多了），恋爱，恋爱，那种半生不熟，18世纪式的恋爱，幼稚而夸张，无谓的sentimentalism，佳人+才子+无事忙热心玉成好事的朋友+扭扭捏捏不嫉妒的"哲学的"丈夫，这位丈夫，是卢骚特创的人物，篇中谁都佩服他，实际是最肉麻的一个。

你不用赌神发咒我也早相信你了，前回不过是寻晦气的心情，其实我总不怪你。

我顶讨厌中国人讲外国话，并不因为我是个国粹主义者，如果一个人能够讲外国话，讲得比他的本国话更好的话，那么他尽有理由讲外国话，否则不用献丑为是。

好人，我永远不对你失望，你也不要失望自己。

我希望你不要用女人写的信纸。

我以为理发匠非用女人不可，有许多理发匠太可怕，恶心的

---

[1] 卢梭的《新爱洛绮丝》。
[2] 歌德的《少年维特之烦恼》。

手摸到脸上，还要碰着嘴唇，叫你尝味它的味道。嘴里的气味扑向你鼻孔里，使人非停止呼吸不可。中国人欢喜捶背狠命扒耳朵，真是被虐待狂。

伤风好了没有？你真太娇弱。

我不笑，不是不快活，无缘无故笑，岂不是发疯。

后天星期日。

接到你的信，真快活，风和日暖，令人愿意永远活下去。世上一切算得甚么，只要有你。

我是，我是宋清如至上主义者。

人去楼空，从此听不到"爱人呀，还不回来呀"的歌声。

愿你好。

Sir　Galahad[①]

P. S.我待你好

[①] 亚瑟王圆桌骑士之一，象征纯洁勇敢。

第七章
我愿和你卜邻而居，此身足矣

朱生豪自小体弱，不喜运动。读初中时，酷爱国文、英文，独不欢喜体育。高中毕业，科科成绩优异，只体育一科不及格。多年的颠沛流离，加上一直埋首案头工作，更加损害了他的身体，以致于事业未完，英年早逝。不过他自己全不在意，认为"太娇养了也是不对的"。倒是常常在给宋清如的信中叮嘱对方不要再生病了：有得时间生病，宁可谈恋爱。

你要我以怎样的方式歌颂你？

人生当以享乐为中心。第一种人眼前只道是寻常，过后方知可恋，是享乐着过去。第二种人昨日已去，不用眷眷，明日不知生死，且醉今宵，是享乐着现在。第三种人常常希望，常常失望，好在失望后再作新的希望，现实不过如此，想象十分丰富，是享乐着未来。你在读书时可以想象放假而快乐，放假时可以想象读书而快乐，于是永远快乐。

我假从二月二日（记住那是我的阳历生日，阴历生日已过去两个星期）放起，不想就急急回家，那天（明天）上午或者去买东西，下午或者去看舞台人的演剧，或者晚车回去，三日四日五日六日都在家，七日回上海，八日再可以玩一天，九日上工，十日星期仍上工，到十七再玩。

到家里去的节目不过是吃年糕，点蜡烛，客人来（我希望她们不要叫我拜客了），以及搓麻将。

新近发现了一条公理：凡是巴巴的来看我的朋友，都不外是因为1.借钱，2.托我事情；其余的朋友都不愿意见我，这最近有好几个例证：

一、一个在苏州的好几年不见，但常通信的朋友到上海来，打电话叫我到中央旅社看他，我把"中央"误听了"东亚"，找不到，后来他说，本想来看我，想想见面没甚么意思，因此就走了。

二、你过上海时我来车站望你，你说我不应该来看你。

三、郑××上次穷瘪来投靠我，今番堂而皇之地出洋，于是打电话来关照我都叫茶房代打，当然再不要光顾亭子间了。

四、我叫任铭善到我家来玩，他想了好几天，终于决定不来。

苦笑而已，云何哉。

看见太阳，心里便有了春天，天气真有暖意，即使不怎样暖（否则室内不用生火炉），至少有这么一点"意"。可是上海是没有春天的，多么想在一块无人的青草地上倒下来做梦哩。手心里确是润着汗，今年的冬天是无须乎皮袍子的，只是不知几时才会下雪，虽然我并不盼望。

你的来看你的朋友如果不是一个古怪的人，便是一个平常的人，因为你要叫我猜，我便猜她（不是他吧）是一个古怪（means[①]有点特殊的地方）的人，否则你没有向我特别提说的必要。"古怪"两字用指最高泛的意义，不单指人的本身，也指case, condition[②]，等等而言。

这答案答得坏极。

Bertram[③]的离别使她的眼里充满了眼泪，心里充满了悲伤。因为她虽是绝望地想着他，但每点钟和他相对，对于她终

---

① 意思是。
② case和condition二词均为情形、状况之意。
③ Bertram、Helena，莎剧《终成眷属》中的男女主人公。

是很大的安慰。Helena会坐着凝望着他暗黑的眼睛，他慧黠的眉毛，他美发的涡卷，直至她好像把他的肖像完全画在她的心版上，那颗心是太善于保留那张可爱的脸貌上每一根线条的记忆了。

当我年轻的时候，我也是这样的。爱情是那朵名为青春的蔷薇上的棘刺。在年轻的季节，如果我们曾是自然的儿女，我们必得犯这些过失，虽然那时我们不会认它们为过失。

不要自寻烦恼，最好，我知道你很懂得这意思。但是在必要的时候，无事可做的时候，不那样心里便是空虚得那样的时候，仍不妨寻寻烦恼，跟人吵吵闹闹哭哭气气都好的，只不要让烦恼生了根。

你是个美丽而可爱的人，春天、夏天、秋天和冬天的精神合起来画成了你的身体和灵魂，你要我以怎样的方式歌颂你？

祝福！

朱朱　一日

我很急,真想跑来瞧瞧你

好孩子:

不会哭吧?我很急,真想跑来瞧瞧你。天十分暖了起来,其实上课堂也要打瞌铳①,乐得躺在床上看看云吧。希望快好起来,耶稣保佑你,即使没有甚么痛苦,我也是不能放心的。

想不出一个好故事可以讲给你听。"黄鹂"那首写得很可爱,你总是那么可爱。我想写一首诗给你,可不知道写不写得出。歌人一天一天的拙劣了。

春天,我不忆杭州,只忆你,和振弟,他比你寂寞,也许比我还寂寞,他是永不把心开放给别人的人。

我给你念祷告,希望这信到时你已经好了。愿你安静!春天否则是会觉得太短的,生生病,也许会长一些。但是心里高高兴兴,甚么时候都是春天,所以还是快些好起来吧!好好珍重,以后不许生病了。再写。

朱朱　十九夜

---

① 应为瞌睡。后同。

我所思兮在之江，爱人赠我一包糖

弟弟：

你写得出信写不出信我都不管，如果我在想要读你的信时而读不到你的信，我便会怪你。不过你也可以不必管我的怪不怪你。我怪你有我怪你的自由，你写不出信有你写不出信的自由。写信的目的是在自己不在别人，因此我并不要你向我尽写信的"义务"，虽则你如不给信我，我仍然要抱怨你的。而这抱怨，你可一笑置之。

曲子填得很像样，不过第二阕似有一二处不合律，如一天飞絮句，冻禽无声句。

似乎我曾告诉你过我的诞辰，否则你不会说"忘了"，不过我也忘了我告诉过你的是哪一个日子，因为我的诞辰是随便的。闻诸故老传说，我生于亥年丑月戌日午时，以生肖论是猪牛狗马，一个很光荣的集团！据说那个日子是文昌日，因此家里一直就预备让我读书而不学生意。是为宣统三年十二月十五日，因为我不愿意把自己的生日放在废朝的岁暮，做一个亡清的遗婴，因此就把它改作民国元年二月二日，实际上这二个日子在一九一二年的日历上是同一个日子。不过我并不一定把这一天作为固定的生日，去年我在九月三十过生日，因为我觉得秋天比较好一些，那天天晴，又是星期日，我请吴大姐吃饭，她请我上大光明。之后她生了我气（是我的不好），后来大家虽仍客客气气，并不绝交，不过没有见过面。

你的生日大概在暮春或初夏之间是不是？我想你应该是属牛的，因为如果你属老虎，那将比我弟弟还要年轻几个月，有些说不过去，照理你应该比我还大些，不过这个我想还是怪我生得太早罢。作诗一首拟鲁迅翁：

> 我所思兮在之江，
> 欲往从之身无洋，
> 低头写信泪汪汪。
> 爱人赠我一包糖，
> 何以报之兮瓜子大王，
> 从此翻脸不理我，
> 不知何故兮吊儿郎当！

今天《申报》上标题《今日之教育家》的社评做得很好，他说今日学校之行政者不应因循怕事，徒为传达上司命令的机关，应当与学生步调一致，以争国家主权的完整，谈安心读书，此非其时，第一该先有可以安心读书的环境。我说这回的学生运动如果仍然被硬压软骗的方法消灭了去未免可惜，虽则事实上即使一时消灭了将来仍会起来的，但至少总要获得一些除欺骗以外更实在的结果。

我顶讨厌满口英文的洋行小鬼，如果果然能说得漂亮优美，像英国的上流人一样那倒也可以原谅，无奈不过是比洋泾浜稍为高明一点的几句普通话，有时连音都读不准确，我一连听见了几个tree，原来他说的是three。我也不懂为甚么取外国名字要取Peter，John一类的字，真要取外国名字，也该取得高雅些，古典式的或异教风的，至少也要拣略微生僻一些，为着好奇的缘故，这才是奴洋而不奴于洋。

女人最大的光荣在穿好的衣服，这是指一般而言。

我昨夜做梦，做的是你和Sancho Panza（吉诃德先生的著名的从者）投义勇军的故事，你打扮得很漂亮，脂粉涂得很美，穿着一件绿袍子。你有些不大愿意入伍，想写好信请邮务局长盖印证明有病暂时请假，后来我说不要，我也从了军大家一起上前线吧。那个Sancho Panza这蠢小子，原是我的仆人，他在一个有芦席棚的院子内和许多人一起喝茶谈天，忽然有人来说你们这些人中应当推出二十个年富力强的人作为代表而加入义勇军，可怜的Sancho也在二十人之列，他本是个乐天和平的家伙，吓得屁滚尿流。

今天早上天已亮人已醒的时候，在枕上昏昏然做起梦来，梦见在一节火车里，有一个少年因受家庭压迫而逃出来，忽然跳上好几个持手枪的人来，勒令停车，逼这少年跟他们同回家去。正在这时候，娘姨端进面水来，我并不曾睡着，随随便便看了看表，已经八点半了，连忙起来，梦便不复做下去，可是很关心那少年不知是否终于屈服。这确实是个梦，并不是幻想，而且火车里的群众，少年的面貌，持手枪者的衣服，起身的时候都还记得。

贵同乡徐融藻很客气向我贺年,你如高兴见了他为我谢谢。

虽然写不出甚么来了,总还想写些甚么似的,算了。我待你好。

叽哩咕噜① 十二月卅

---

① 叽里咕噜。

可爱的初夏黄昏,给好人建议

宋:

你真可怜,闹了两年的到北平去,到现在还决定不来。我贡献你四条路:

一、不转学,留在之江,免得投考等麻烦。

二、转学近处,南京、上海,或索性苏州,好常常见母亲。但苏州你已住久,上海我不劝你,南京也没甚大意思。

三、转学远处,北平、青岛、武汉、广州……,一样走远路,当然如你原来的理想,北平去最好。

四、停学一年,作一次远程旅行,几次小旅行,余下时间,在家读书休息,养得胖胖后再上学。

如果转学,不要抱但求换换空气的思想,无论如何要拣比较好一点的学校,如果进和之江差不多或不如的地方,那很不上算,还是留着不走得好。

好人以为如何?

热天真使人懒,坐在office里,眼睛只是闭上来,想象着在一个绿荫深深的院内,四周窗子上幔着碧色的湘帘,在舒适的卧榻之上,听着细细的鸟声,睡了又醒醒了又睡的生活着。但无论如何,初夏的黄昏是可爱的。在之江,此刻也是顶美丽的时刻了。但这样的时间也只能在忆念里过去,心里很有点怨。祝福那些不懂得相思的人,至于我,则愿意永远想念着你。我,永是那么寂寞的。

还有的话,留着以后说。祝快乐。

朱

无月的中秋是可爱的

清如：

真的是满城风雨，外面冷得令人发抖，雨不单是从天上落下来，还要从地面上刮起来，全身淋湿在雨中（伞当然是撑着的），风可以把你吹倒，真令人兴奋。回到斗室中，那么温暖！无月的中秋是可爱的。

——昨夜

今天大家嚷冷，有人夹袍戴草帽，有人夏长衫内罩绒线背心，无奇不有。冷我是欢迎的（你当然也赞成），可是这一下太突然，多多珍重玉体吧。

秋是最可爱的季节，因为她是最清醒的季节，无论春夏冬，都能令人作睡眠的联想，惟秋是清醒的。

我怕一切人，我顶怕你，我可不怕我自己，我高兴的时候，我爱爱他，我高兴的时候，我虐待虐待他，有时完全把他当作一个不相干的人，他发痴，他被你吃笔，都不关我事。

昨夜又做梦，你不了解我，我伤心。滑稽总归是滑稽，"了解"这两字的意义我就不了解，我也从不想了解我，我也不曾了解你。

　　祝我的爱人好。

　　　　　　　　　　　　　　　　　吃笔的家伙——今天

我只念你，像生着病

清如：

　　我心里很悒郁很悒郁。你的信来了，拿在手里，心微微的痛。读了之后，更懊恼得说不出话来。我已写过两封信，寄在栏杆桥。现在写信，又忘记了你常熟的地址号数，得还家翻了出来才能付寄。心真急，话，今天说了要隔天才能听到，已不痛快。回音，又有得等的。冬天的日子也是这样长。这里，有的是把冷淡当作友谊的"好朋友"。我，没有话说，只念你，像生着病。我心里很悒郁很悒郁。不要失约，好人！我把一天当一年过，等候着你。我不能让你在我身边闪过，我要望着你，拉住你，相信不是在梦里。天！我愿意烧，愿意热烈，愿意做一把火，一下子把生命烧尽。我不能在地窖里喊忍耐，一切是灰色得难受，灰色得难受。死，也得像天雷砸顶那么似的死，火山轰炸那么似的死，终不成让寂寞寸裔我的灵魂，心一点一点地冻成冰。我怕冷。愿你好。如果我不是这样不自由，我将飞到随便甚么地方来看你。说不尽的心里的一切。

朱　十九下午

有得时间生病，宁可谈恋爱

宋：

今夜我非常口渴。

从前有一个阿Q式的少年，某个女郎是他的爱人，但他并不是她的爱人，因此你可以知道他们的是一种甚么关系。然而他是个乐观的人，他说，她不过是嘴里说不爱我，其实心里是很爱很爱的；因此他非常幸福地生活下去，直到有一天她把他完全冷淡了。他说，真的爱情是渊默的，真的热力是内燃的，而外表像是蒙上一重冰冷的面幕；因此他仍然非常幸福地生活下去，直到有一天她嫁了人了。他说，爱不是占有，无所用妒忌而失望，而且她嫁人是一回事，爱我又是一回事，她的心是属于我的；因此他仍然非常幸福地生活下去，时时去访候她，直到因为太频繁了而一天被飨闭门羹。他说，这是因为她要叫我不要做傻子，既然我们的灵魂已经合成一体，这种形式上的殷勤完全是无谓而多事的；因此他仍然非常幸福地生活下去，直到老死，梦想着在天堂里和她在一起。横竖天堂并没有这回事，只要生前自己骗得过自己，便是精神上的胜利了。我说这样的人，非常受用。

真是从心底里感谢你给我的那两张照片，取景、位置、光线，都很好，那女郎可爱极了，你愿不愿为我介绍？看她的样子很聪明，很懂事，而且会做诗，也许很凶（？）

读书要头痛，最好的办法，就是不读，等不痛的时候再读。可惜你不多跟我在一起，对于应付功课债方面我是顶在行的，在大考的时候，我惯是最悠闲的一个，虽然债欠得比谁都要多。

我不希望你来（不是不要你来），你来我会很窘的。

买了一本《文学月刊》，一本《文学季刊》，其中的小说，模模糊糊看不下去，我说去年一年在小说、戏剧、诗歌一方面都绝少收获，诗歌已至绝路，戏剧少人顾问，小说方面，还有一批能写的人，可是作家一成名，便好像不能再进步了的样子。过时的作家写出来的东西几乎没一篇不讨厌。

前夜去看《风流寡妇》影片，我不曾看过《璇宫艳史》，很抱歉，刘别谦的作品一部也不曾看过，我以为一定是很好的，至少在技巧上、画面上，不能怎样说它坏，但希望过奢，不免有些失望。故事不算不发松，不知为甚么总觉得很空虚，不似《云台春锁》那样讽嘲得泼辣淋漓。歌舞场面的富丽，则别的影片如《奇异酒店》等中也已见过。希弗莱我本来相当的欢喜的，虽则他不是美少年，这里仍然是他的顽皮。但麦唐纳在任何一方面都不能使我满意，第一她完全不美，不动人，简直有些难看，第二她的表演也是平平，没有出色的地方，歌唱得还好，但不及 Grace Moore[①]。

因此今天 Cleopatra 也不去看了，左右不过是铺张一些巨大的场面，比之《罗宫春色》和以前的《十诫》《万王之王》是较

---

① 演员格雷丝·摩尔。

失败的一张，因为缺少情绪上的力量，据说是。附近的小戏院里映《狂风暴雨》，去温了一遍，这类片子才真是百读不厌，而且第二遍比第一遍更满意。

郑××我看他真没有脸孔活在世上，日本大概不会去了吧？和你的说北平去一样，可是你有你的客观环境，还可以原谅，他赖在家里不知作甚么的。

接受我的渴念和祝愿。

朱　六日夜

你一定说我不好，大概已成定谳，再为自己辩护也没有用了，我将以自怨自艾的灰心失望度过这不得你欢喜的余生了吧，言念及此，泪下三钵头。

如果上某个教员的第一班课，在开首几个星期里，必得格外巴结，给他一个特别好的印象，以后可以便宜不少，就怎样拆烂污也不要紧了，这是我一贯的政策，我的好分数都是这样得来的。

我不笑你，但我真愿你不要再病了，永远地，永远地。不是假惺惺，真有点怅惘。有得时间生病，宁可谈恋爱。

我能够崇敬你的，如果你愿意。

你病了,我寂寞得想哭

清如:

　　今天上午阴了半天,果然下起雨来,心里很不痛快吧?昨夜我很早地睡了,可是睡不着,今天头痛,吃过中饭倦得很,头只是倒下来。一个小学生上课时举起手来,问他,他站起来,手背揩了揩眼睛,说,先生,我要睡觉去!

　　从前刘延陵有过一首诗,写小孩子陪着母亲,坐船渡河,带着鲜花去望医院里病着的姑姑。母亲叫他唱歌,小孩拍起手唱:"……说得尽的安慰,我们都说过了,说不尽的安慰,我们都交付给鲜花了……"反复着轻柔的调子,很美,有太戈尔①《新月集》里的调子。《新月集》你读过没有?

　　你病了,想起来也心里寂寞得想哭,不十分难过还好。我愿意我能安慰你。等你爽了再给我写信吧。祝福!

二十下午

---

① 泰戈尔。

头号傻瓜,当心伤风

小鬼头儿:

我太不高兴写信给你,此刻不知你在跟谁讲些甚么小姐经,而我却不知道是谁逼着我硬要写些甚么,写信的对象偏偏一定要是我所最讨厌的人——你。要是写得好,能博你欢喜,叫我几声孩子,那么也许还可窝心窝心,骗骗自己说世上还有个人疼我。要是写得戆一些,便要惹你发神经,把朱先生哩聪明哩佩服哩知己哩劳驾哩这些化装了的侮辱堆在我身上,想想真气不过。如果你是个头号傻瓜,我准是个超等傻瓜。

自己安慰自己这句话实在可怜得很,既然决心不受人怜,又何必对影自怜呢?要是我,宁愿自己把自己虐待的。

当心伤风。

此夕

要是你是个男人,你欢喜哪一种女子呢?要是我是个女子,我要跟很多男人要好,我顶欢喜那种好好先生,因为可以随便欺负他,"好人"是天生下来给人欺负的。

哥儿：

今天天气很好。不叫人兴奋也不叫人颓唐，不叫人思慕爱情也不叫人厌恨爱情，去外面跑，也不会疲劳，住在家里，也不会愁闷。今天写信，目的就是要说这两句话，多说了你又会厌烦我。

借了三本《行为主义的心理学》，希望能读得下去。

愿你乖。

次日下午

不许再生病了，我害怕

宝贝：

我知道你一定生了病了，谢天谢地，现在好了吧？以后不许再生病了，否则我就要骂你。

这两天我整天整夜都在惊惧忧疑的噩梦中，真的，我在害怕也许你会一声不响地撇下我死了，连通知也不通知我一声，这当然是万万不可以的。

下星期我来望望你好不好？到湖州还是打苏州转便当还是打嘉兴转便当？

今天据说是中秋，你不要躺在床上又兴起感慨来，静静地养养神吧。对于我，除了多破费几块钱外，中秋是毫无意义的。

停会再写。祝福你，可怜的囡囡！

伊凡·伊凡诺微支·伊凡诺夫

卅

我将永远留一个深心的微笑给你

清如：

好了吗？怎样的悬念着悬念着。

我脾气确实近来也坏了，常常得罪人，因为"戏慢"他们，昨天被彭同任教训了一顿，我是不好，他们却可笑。

常常气闷得很，觉得甚么人都讨厌，连自己的影子也讨厌，很愿意一个朋友也不要。不过想到你时，总是好像有点例外。如果我不认识你，我一定更不幸。

愿你康健，愿你快乐，一切的平安给予你！杜鹃花几时红起来，山中该热闹了呢。我没有希望，没有真能令我快乐的事物，虽也不愿颓唐。只有一个冀念，能够在可能的最近再看见你，我将永远留一个深心的微笑给你，那是一切意望之花，长久的伫候里等待着开放的。

虽然是怎样无意味的信呵！

朱　廿二上午

宋清如甜甜地睡觉

我想要在茅亭里看雨,假山石边看蚂蚁,看蝴蝶恋爱,看蜘蛛结网,看水,看船,看云,看瀑布,看宋清如甜甜地睡觉。

我觉得我已跟残废的人差不多了,五官(想来想去只有四官,眼耳口鼻之外还有那一官不知是简任官还是特任官)都已毁损,眼睛的近视在深起来,鼻子的左孔常出鼻血,左耳里面近来就睡时总要像风车一样哄隆哄隆①扇一阵,嘴里牙齿又有毛病,真是。

一切兴味索然,活下去全无指望,横竖顶多也不过再有十年好活,我真不想好好儿做人,恨起来简直想把自己狠狠地糟塌②一阵。

---

① 轰隆。
② 糟蹋。

你肯不肯嫁我？

好人：

你初八的信于今天读到。

如果要读书，倘使目的是为趣味，那么可以读读子书、笔记和唐宋以后的诗词、英文的小说戏曲，倘使要使自己不落伍，则读些社会科学的书，但不必成为社会主义者。

回家很没趣味，兄弟一个失业，拉长了面孔，一个又吐出过一点血，长者们逼我快娶亲，你肯不肯嫁我？或者如果有这样的人，你可以介绍给我：

1.年龄二十五至三十。

2.家境相当的穷。

3.人很笨。

4.小学或初中毕业，或相当程度（不必假造文凭也）。

5.相貌不甚好，但勉强还不算讨厌。

6.身体过得过去，但不要力大如牛，否则我要吃笔。

7.不曾生过儿子，生过儿子而已死或已丢掉则不妨。

8.能够安安静静坐在家里不说话。

9.最好并无父母，身世很孤苦。

10.不欢喜打扮及照镜子。

11.不痴心希望丈夫爱她（但可以希望他能好好待遇她）。

这种是不是无聊话？

我永远爱你。

朱　二月十五

信仍寄世界书局较妥

最好我们活同样年纪

好人：

前晚兄弟来，和他玩了一晚一天，昨天回来时很吃力，因此写不成信。

你很寂寞，如何是好？我又想不出说甚么话。

曾经梦和你纳凉夜话（据说我们已结婚了好多年），只恨醒来得太早。我希望我们变作一对幽魂，每夜在林中水边徘徊，因为夜里总是比白天静得多可爱得多。

我想你活不满六十岁，但也不至十分短寿（因为现在已经很老了，是不是？）我希望你不要比我先死，但如果我比你先死我也要恨的，最好我们活同样年纪。我很愿我们都活三百岁，无论做人怎样无聊，怎样麻烦，有你在一起总值得活。

这信暂时以此塞责，等我想想过后再写。

我待你好。

鲸鱼　十七

别离有时是太难排遣的

清如：

在刚从严寒中挣扎出来，有温暖而明朗感的悦意而又恼人的天气，在凄寂的他乡，无聊的环境里，心里有的是无可奈何的轻愁，不知要想些甚么才好，只是惓惓地怀忆着一个不在身旁的，世间最可爱的朋友，无论如何，当我铺纸握笔的时候，应该是有一些动人的话好说的，然而我能说些甚么呢？

我无法安排我自己的时间，想定定心在公余做一些自己的工作，不能；随便读些书，也是有心没绪的。心里永是那么焦躁不宁。如果不是那样饥渴地想忆着你，像沉舟者在海中拼命攀住一根飘浮的桅杆一样，我的思想一定会转入无底绝望而黑暗的深渊，我觉得我的生命好像不是属于自己的，非自己所能把握。

要是此时我能赶来看看你，该是多么快活！我说如果我们能有一天同住在一个地方的话，固然最好相距得不要太远，但也不必过近，在风雨的下午或星月的黄昏走那么一段充满着希望的欢悦的路，可以使彼此的会面更有意思一些。如果见面太容易，反而减杀了趣味，你说是不是？如果真有那一天就好了！别离有时是太难排遣的。

廿九·夜

我愿和你卜邻而居

清如：

一辆黄包车载了我回来，敲开了门，向陆师母招呼了一声，便飞奔上楼，放下伞，摔下套鞋，脱下贼腔的帽子，披上青布罩衫，觉得比较像一个人些，肚子里也开始觉得有些饿了，出去吃了六个馒头，回来出了一回神，倒头便睡，心酸而哭。睡到七点钟起来，马马虎虎吃了碗饭，想昏天黑地地睡下去，觉得心事未了的样子，便写信。

想着自己的一副贼腔，真又好气又好笑，你真没有理由要和我要好。你气色很好，我很快活，我总觉得你很美很美。你和我前夜梦中所见的很像，我看了看你的照片（照相馆里拍的那张），心里有点气，人工的修饰把气韵都丧失了，简直不像你。下回如赴照相馆拍照，我劝你拍一张侧面像试试，全侧面的。

此行使我充满了幸福感，你不要想象我又起了惆怅，即使是惆怅，也是人生稀有的福分，我将永远割舍不了你。近着你会使我惝恍，因此我愿常远远地忆你。如果我们能获得长寿，等我们年老的时候，我愿和你卜邻而居，共度衰倦之暮年，此生之愿足矣！

回家安好且快乐？不要多想起我！祝福。

朱　十六夜

第八章
当今之时,最好谈谈恋爱

他的书信中,常常提到译莎的事情。我们从这些信件中,能看到他翻译工作中的很多细节,《暴风雨》译了三遍,前两遍具毁在炮火中;为了想一个句子的译法,苦想了一个半钟头;某一处不满意,某一篇完成了,狂喜……宋清如始终是他最虔诚的倾听者。

"饭可以不吃,莎剧不可不译。"他沉浸其中,甘苦艰辛全不在意。莎士比亚有幸遇到了中国的朱生豪,名著仍不失为名著。

我很想再来看你一次

好好：

你有一点不好的地方，那就是爱用那种不好看的女人信笺。

你不大孝顺你的母亲，我说你应当待她好些，如果怕唠叨，那么我教你一个法子，逢到你不要她开口而她要开口的时候，只要跑上去kiss她，这样便可以封闭住她的嘴。

你崇拜不崇拜民族英雄？舍弟说我将成为一个民族英雄，如果把Shakespeare译成功以后。因为某国人曾经说中国是无文化的国家，连老莎的译本都没有。我这两天大起劲，Tempest[①]的第一幕已经译好，虽然尚有应待斟酌的地方。做这项工作，译出来还是次要的工作，主要的工作便是把僻奥的糊涂的弄不清楚的地方查考出来。因为进行得还算顺利，很抱乐观的样子。如果中途无挫折，也许两年之内可以告一段落。虽然不怎样正确精美，总也可以像个样子。你如没事做，替我把每本戏译毕了之后抄一份副本好不好？那是我预备给自己保存的，因此写得越难看越好。

你如不就要回乡下去，我很想再来看你一次，不过最好甚么

[①]《暴风雨》。

日子由你吩咐。

　　我告诉你，太阳底下没有旧的事物，凡物越旧则越新，何以故？所谓新者，含有不同、特异的意味，越旧的事物，所经过的变化越多，它和原来的形式之间的差异也越大，一件昨天刚做好的新的白长衫，在今天仍和昨天那样子差不多，但去年做的那件，到现在已发黄了，因此它已完全变成另外的一件，因此它比昨天做的那件新得多。你在1936年穿着1935年式的服装，没有人会注意你，但如穿上了17世纪的衣裳，便大家都要以为新奇了。

　　我非常爱你。

淡如　廿五

我欢喜你给我取一个名字

清如：

从前我觉得我比你寂寞，现在我觉得你比我更寂寞得多。我很为我们自己忧虑。

今天下午我试译了两页沙士比亚，还算顺利，不过恐怕终于不过是poor stuff[①]而已。当然预备全部用散文译出，否则将要了我的命。

你天津的事情有没有成功？我觉得教书不甚合你的个性，但也许世上还没有发明出一种为我们所乐就的职业。

不知道我有没有告诉过你？我的大表姐有四个儿子，二个女儿，第四个的男孩子是个心地忠厚，但在兄弟行中是最不聪明的一个，今年也怕有十三四岁了，一次被他的最小的妹妹欺负到哭起来，也没有人帮他。我因为是他的"老朋友"，便挈着他到近郊走走安慰安慰他。他一路拭眼泪，一路向我说做人的无趣，谁都不待他好，他说他不高兴读书（因为总是留级），学商也没有趣味，顶好是穿了短衣，赤了脚，做个看牛孩子，整天在田野里游荡，"多么写意！"这些话要是给他母亲听见了，准要说他没

---

① 劣质品。

出息一顿骂，但我觉得一点都不错。

我想不出再要向你说些甚么话，我也想不出你有些甚么话好对我说，但你无论向我说甚么无聊的话，我都一样乐意听的，而且你也不要以为我不肯听你话，因为在世上你是我惟一肯听话的人，不是我现在不再每天给你信了？因为你不欢喜太多的信。虽然我巴不得一天到晚写信给你，即使单是握着笔，望着白纸，一个字写不出，这么从天亮呆坐到天黑也好，因为这样我可以不想到别的一切，只想着你，只有在想着你的时候我才会感到幸福不曾离弃我。我希望有一天我们将永远在一起，不再分离，即使是在很老很老的时候也好，甚或在死后也好，如果人死后灵魂尚存在的话，不知道这是不是奢望。

一切的祝福！

我欢喜你给我取一个名字，你曾许过我。

你的兄弟　廿一

等你给我取名字

好人：

今夜我的成绩很满意，一共译了五千字，最吃力的第三幕已经完成（单是注也已有三张纸头），第四幕译了一点点儿，也许明天可以译完，因为一共也不过五千字样子。如果第五幕能用两天功夫译完，那么仍旧可以在五号的限期完成。第四幕梦景消失，以下只是些平铺直叙的文字，比较当容易一些，虽然也少了兴味。

一译完《仲夏夜之梦》，赶着便接译《威尼斯商人》，同时预备双管齐下，把《温莎的风流娘儿们》预备起来。这一本自来不列入"杰作"之内，Tales from Shakespeare[①]里也没有它的故事，但实际上是一本最纯粹的笑剧，其中全是些市井小人和沙士比亚戏曲中最出名的无赖骑士Sir John Falstaff[②]，写实的意味非常浓厚，可说是别创一格的作品。苏联某批评家曾说其中的笑料足以抵过所有的德国喜剧的总和。不过这本剧本买不到注释的本子，有许多地方译时要发生问题，因此不得不早些预备起来。

[①]《莎士比亚故事集》，即《莎氏乐府本事》。
[②] 约翰·福斯塔夫爵士，莎士比亚剧中的人物。

以下接着的三种《无事烦恼》《如君所欲》和《第十二夜》，也可说是一种"三部曲"，因为情调的类似，常常相提并论。这三本都是最轻快优美，艺术上非常完整的喜剧，实在是"喜剧杰作"中的"代表作"。因为注释本易得，译时可不生问题，但担心没法子保持原来对白的机警漂亮。再以后便是三种晚期作品，《辛伯林》和《冬天的故事》是"悲喜剧"的性质。末后一种《暴风雨》已经译好了，这样便完成了全集的第一分册，我想明年二月一定可以弄好。

然后你将读到《罗密欧与朱丽叶》这一本恋爱的宝典，在沙氏初期作品中，它和《仲夏夜之梦》是两本仅有的一喜一悲的杰作，每个沙士比亚的年轻的读者，都得先从这两本开始读起。以后便将风云变色了，震撼心灵的四大悲剧之后，是《裘力斯·凯撒》《安东尼与克里奥佩特拉》《考列奥莱纳斯》三本罗马史剧。这八本悲剧合成全集的第二分册，明年下半年完成。

但是我所最看重，最愿意以全力赴之的，却是篇幅比较最多的第三分册，英国史剧的全部。不是因为它比喜剧悲剧的各种杰作更有价值，而是因为它从未被介绍到中国来。这一部酣畅淋漓、一气呵成的巨制（虽然一部分是出于他人之手），不但把历史写得那么生龙活虎似的，而且有着各种各样精细的性格描写，尤其是他用最大的本领创造出Falstaff（你可以先在《温莎的风流娘儿们》中间认识到他）这一个伟大的泼皮的喜剧角色的典型，横亘在《亨利第四》《亨利第五》《亨利第六》[①]各剧之中，从他

[①]《亨利四世》《亨利五世》《亨利六世》。

的黄金时代一直描写到他的没落。然而中国人尽管谈沙士比亚，谈哈姆莱德[①]，但简直没有几个人知道这个同样伟大的名字。

第三分册一共十种，此外尚有次要的作品十种，便归为第四分册。后年大概可以全部告成。告成之后，一定要走开上海透一口气，来一些闲情逸致的玩意儿。当然三四千块钱不算是怎么了不得，但至少可以优游一下，不过说不定那笔钱正好拿来养病也未可知。我很想再做一个诗人，因为做诗人最不费力了。实在要是我生下来的时候上帝就对我说，"你是只好把别人现成的东西拿来翻译翻译的"，那么我一定要请求他把我的生命收回去。其实直到我大学二年级为止，我根本不曾想到我会干（或者屑于）翻译。可是自到此来，每逢碰见熟人，他们总是问："你做些甚么事？是不是翻译？"好像我惟一的本领就只是翻译。对于他们，我的回答是"不，做字典"。当然做字典比起翻译来更是无聊得多了，不过至少这可以让他们知道我不止会翻译而已。

你的诗集等我将来给你印好不好？你说如果我提议把我们俩人的诗选剔一下合印在一起，把它们混合着不要分别那一首是谁作的，这么印着玩玩，你能不能同意？这种办法有一个好处，就是挨起骂来大家有份，不至于寂寞。

快两点钟了，不再写，我爱你。

你一定得给我取个名字，因为我不知道要在信尾写个甚么好。

十月二日夜

[①] 哈姆雷特。

世上比你再可爱的人是没有了

清如：

你知不知道你是个了不得的人？今天我精神疲乏得很，想不要工作了，不工作又无法度日，影戏又没有甚么好看，想去重看《野性的呼声》，因为对它我有非常好的印象（不管它把原著改窜到若何程度，单就影片本身说，清新，乐观，没有其他一切文艺电影的堆砌的伟大，又没有一点恶俗的气味，旷野中的生活是描写得够优美的，对白也非常之好，况且还有Loretta Young的津津欲滴的美貌），可是抬不起脚来。睡又不肯睡，因为一睡下去，再起来人便真要像生病的样子，夜里一定得失眠，而且莫想再做甚么事。于是发了个狠，铺开纸头，揭开墨水瓶的盖，翻开书，工作；可是自己的心又在反叛自己的意志，想出种种的理由来躲避，诸如头痛啦，眼皮重啦，腰酸啦，没有东西吃啦；幸亏我的意志还算聪明，想出一个法子来哄慰我的心，于是开开抽屉来，取出你的尊容来，供在桌子上我的面前，果然精神大振，头也不痛啦，眼皮也不重啦，腰也不酸啦，至于没有东西吃也没有甚么关系。现在已把Tempest第三幕翻好，还剩三分之一的样子，希望在四五天内完全弄好。

总之，世上比你再可爱的人是没有了，我永远感谢不尽你待我的种种好处。我希望有一天……不说了。

无数的爱。

朱　二日晚间

不知你有没有回乡下去。

《暴风雨》已是第三稿

好友：

秋天了，明天起恢复了原来的工作时间，谢天谢地的。今后也许可以好好做人了吧。第一译莎剧的工作，无论胜不胜任，都将非尽力做好不可了；第二明天起我将暂时支持着英文部的门户，总得要负点儿责任，虽则没有甚么大不了的事干。

昨夜睡中忽然足趾抽筋，下床跑了几步，一个寒噤发起抖来，疑心发疟疾了，钻到被头里去，结果无事。

《暴风雨》的第一幕你所看见的，已经是第三稿了，其余的也都是写了草稿，再一路重抄一路修改，因此不能和《仲夏夜之梦》的第一幕相比（虽则我也不曾想拆烂污），也是意中事。第二幕以下我翻得比较用心些，不过远较第一幕难得多，其中用诗体翻出的部分不知道你能不能承认像诗，凑韵，限字数，可真是麻烦。这本戏，第一幕是个引子，第二、三幕才是最吃重的部分，第四幕很短，第五幕不过一班小丑扮演那出不像样的悲剧。现在第三幕还剩一部分未译好。

现在我在局内的固定工作是译注几本《鲁滨孙漂流记》

Sketch Book①等类的东西，很奇怪的这种老到令人起陈腐之感的东西，我可都没有读过。

你相不相信在戏剧协社（？）上演《威尼斯商人》之前，文明戏班中便久已演过它了，从前文明戏在我乡大为奶奶小姐们所欢迎（现在则为绍兴戏所代替着，趣味更堕落了，因为那时的文明戏中有时还含一点当时的新思想），那时我还不过十二三岁的样子，戏院中常将《威尼斯商人》排在五月九日上演，改名为《借债割肉》，有时甚至于就叫做《五月九日》，把Shylock代表日本，Antonio代表中国，可谓想入非非。此外据我所记得的像Much Ado about Nothing②和Two Gentlemen of Verona③也都做过，当然他们绝没有读过原文，只是照Tales from Shakespeare上的叙述七勿搭八地扮演一下而已，有时戏单上也会标出莎翁名剧的字样，但奶奶小姐们可不会理会。

有时我也怀想着在秋山踽踽独行的快乐。

《未足集》和《编余集》，这两个名字一点不能给人以甚么印象，要是爱素朴一点，索性不要取甚么特别的名字，就是诗集或诗别集好了。

再谈，我待你好。

朱　卅一

---

① 《见闻录》。
② 《无事烦恼》。
③ 《维洛那二士》。

今晚苦译,我不希望开战

好人:

今晚为了想一句句子的译法,苦想了一个半钟头,成绩太可怜,《威尼斯商人》到现在还不过译好四分之一,一定得好好赶下去。我现在不希望开战,因为我不希望生活中有任何变化,能够心如止水,我这工作才有完成的可能。

日子总是过得太快又太慢,快得使人着急,慢得又使人心焦。

你好不好?

不要以为我不想你了,没有一刻我不想你。假使世界上谁都不欢喜你了,我仍然是欢喜你的。

你愿不愿向我祷求安慰,

因为你是我惟一的孩子?

Shylock　廿四夜

住陌生处,抄《威尼斯商人》

宋儿:

今夜住在陌生的所在,这里并不预备久住,因为他们并没有空屋,做事不方便,否则环境倒是很好,因为居停是同事又是前辈同学,人也很好;有了相当的房子就搬走,大概少则住个把星期,多则住个把月。

抄了一千字的《威尼斯商人》,可也费了两个钟头。

没有话说,睡了,待你好。

也也　廿日夜

神气的人总归是神气，吃笔的人总归是吃笔

七日一星期这种制度实在不大好，最好工作六星期，休息一星期，否则时间过去得太快，星期三觉得一星期才开始，星期四就觉得一星期又快完了，连透口气儿的功夫都没有，稍为偷了一下懒，一大段的时间早已飞了去。

不过这不是感慨，因为随便怎样都好，在我总是一样。

《皆大欢喜》至今搁着未抄，因为对译文太不满意；《第十二夜》还不曾译完一幕，因为太难，在缺少兴致的情形中，先把《暴风雨》重抄。有一个问题很缠得人头痛的就是"你"和"您"这两个字。You相当于"您"，thou，thee等相当于"你"，但thou，thee虽可一律译成"你"，you却不能全译作"您"，事情就是为难在这地方。

预定《罗密"奥"与朱丽叶》在七月中动手，而《罗密"欧"与朱丽叶》不久就要在舞台上演出，我想不一定有参考的必要，他们的演出大抵要把电影大抄而特抄。

在等候着放假了吧？"放假"这两个字现在对我已毫无诱惑。

我想你幸而是个女人，可以把"假如我是个男人……"的话来自骗，倘使你真是个男人，就会觉得滋味也不过如此。世上只有两种人，神气的人和吃笔的人，神气的人总归是神气，吃笔的人总归是吃笔。

阿弥陀佛！

《梵尼斯商人》完成，大喜若狂

好人：

无论我怎样不好，你总不要再骂我了，因为我已把一改再改三改的《梵尼斯商人》（"威尼斯"也改成"梵尼斯"了）正式完成了，大喜若狂，果真是一本翻译文学中的杰作！把普通的东西翻到那地步，已经不容易。沙士比亚能译到这样，尤其难得，那样俏皮，那样幽默，我相信你一定没有见到过。

《温德莎尔的风流娘儿们》[1]已经译好一幕多，我发觉这本戏不甚好，不过在莎剧中它总是另外一种特殊性质的喜剧。这两天我每天工作十来个钟头，以昨天而论，七点半起来，八点钟到局，十二点钟吃饭，一点钟到局，办公时间，除了尽每天的本分之外，便偷出时间来，翻译查字典，四点半出来剃头，六点钟吃夜饭，七点钟看电影，九点钟回来工作，两点钟睡觉，Shhh[2]！忙极了，今天可是七点钟就起身的。

As You Like It[3]是最近看到的一部顶好的影片，我没有理由不相信我对于Bergner的爱好更深了一层，那样甜蜜轻快的喜

---

① 《温莎的风流娘儿们》。
② 象声词，"嘘"。
③ 《皆大欢喜》。

剧只有沙士比亚能写,重影在银幕上真是难得见到的,莱因哈德①的《仲夏夜之梦》是多么俗气啊。

《梵尼斯商人》明天寄给你,看过后还我。

朱儿

---

① 现译为赖因哈特。

五天后出院，回沙士比亚那里去 [①]

Silly Boy:

I write you this once because I have a postcard left. 5 days and I'll be out.But I'm not eager after it.Shall immediately back to work because impatient of rest.What a bore to go to office! But anyhow I'll be glad to return to my Shakespeare again.Read Oscar Wilde just now and dislike him.Am longing to see you, wonder whether I'll have any opportunity.

Big Bad Wolf

蠢孩子：

我用这个给你写信，因为我还剩有一张明信片。五天以后就

---

① 本篇译文大意由朱尚刚先生提供。

要出院。但我对此并不热切。因为已经休息得不耐烦了,所以马上就要回去工作。回到办公室去是多么使人心烦!但不管怎么说,我能重新回到我的沙士比亚那里去总是高兴的。现在正在读奥斯加·王尔德的小说,我并不欢喜他。我想见你,不知有没有机会。

大坏狼

重新开始译事,忘却无味生活

近来每天早晨须自己上老虎灶买水,这也算是"增加生活经验"。

搁置了多日的译事,业已重新开始,白天译Merry Wives①,晚上把Merchant of Venice②重新抄过,也算是三稿了(可见我的不肯苟且)。真的,只有埋头于工作,才多少忘却生活的无味,而恢复了一点自尊心。等这工作完成之后,也许我会自杀。

我以梦为现实,以现实为梦,以未来为过去,以过去为未来,以nothing为everything,以everything为nothing,我无所不有,但我很贫乏。

---

① 《温莎的风流娘儿们》。
② 《威尼斯商人》。

我已经感谢你,要没你我真不能活

清如:

在家没趣,只想回上海来。一回到自己独个儿的房间里,觉得这才是我真正的家。其实在我的老家,除了一些"古代的记忆"之外,就没有甚么可以称为"我的"的东西;然而三天厌倦的写字楼生活一过,却有点想家起来了,家,我的家,岂不是一个ridiculous①的名词。

我常常是厌世的,你的能力也甚小,给我的影响太不多,虽然我已经感谢你,要没你我真不能活。

有经验的译人,如果他是中英文两方面都能运用自如的话,一定明白由英译中比由中译英要难得多。原因是,中文句子的构造简单,不难译成简单的英文句子,英文句子的构造复杂,要是老实翻起来,一定是啰苏累赘拖沓纠缠麻烦头痛看不懂,多分是不能译,除非你胆敢删削。——翻译实在是苦痛而无意义的工作,即使翻得好也不是你自己的东西。

我们几时绝交?谁先待谁不好?

愿你好。有人说他很爱你,要吃了你,因此留心一些。

常山赵子龙　十一

---

① 荒谬的、可笑的。

突破记录,谢谢你改正"么"

好人:

今夜夜里差不多抄了近一万字,可谓突破记录。《风流娘儿们》进行得出乎意外地顺利,再三天便可以完工了,似乎我在描摹市井口吻上,比之诗意的篇节更拿手一些。

我希望你下半年不要再在那个学校里了,即使对自己绝望,甘心把自己埋葬,就是坟墓也应该多换换。

我相信我的确不爱你,因为否则我早就发疯了,可是我向你保证,我是欢喜你的。

昨天在街头买了三本不很旧的旧书,陀斯妥益夫斯基①的《赌徒》,辛克莱的《钱魔》,还有一位法国女人做的《紫叶》,可是还没功夫看。我现在看小说的惟一时间只在影戏院里未开映以前的几分钟内。

《梵尼斯商人》已收到,谢你改正了一个"么"字。今天开始翻了半页《无事烦恼》,我很希望把这本和《皆大欢喜》早些翻好,因为我很想翻《第十二夜》,那是我特别欢喜的一本。不过叫我翻起悲剧来一定有点头痛。我巴不得把全部东西一气弄

---

① 陀思妥耶夫斯基。

完，好让我透一口气，因为在没完成之前，我是不得不维持像现在一样猪狗般的生活的，甚至于不能死。

也许我有点太看得起我自己。

豆腐　廿二

我们都是温柔的人，我欢喜你

青女：

从前以为年轻人谈精神恋爱是世上最肉麻的一回事，后来才知道人世间肉麻事，大有过于此者。放眼观之，几无一事不肉麻，所谓生命也者，便是上帝在不胜肉麻的一瞬间中创造出来的。人要不怕使人肉麻，才能成为大人物；至少也要耐得住肉麻，才能安然活在世上。否则你从早上起身到晚间睡觉之间的几多小时内，一定会肉麻而死的。展开报纸来，自从国际要闻起直至社会新闻报屁股，无论那一条都是肉麻的文字。除非你一个人关了房门闭起眼睛天不管，否则便不免要看到一切肉麻的事，然而即使一个人关了房门闭起眼睛天不管了，你也会发觉在你的脑中有许多肉麻的思想。

战争在三四月间发动，我私人方面所得的可靠消息也是这样说。我们即使不就此做亡国之遗民，至少总也有希望受到一些在敌人势力下的滋味。

说你是全然的温柔婉约当然有些过分，不过人家所说的浪漫当然也和我所认为的那种浪漫不同。也许别人所斥责的过于浪漫，我仍然会嫌太温柔也说不定。我们的灵魂都是想飞，想浪漫的，但我们仍然局促在地上，像绵羊一样驯服地听从着命运，你说这不算温柔吗？太浪漫的人是无法在这世上立足的，我们尚能不为举世所共弃，即是因为我们是太温柔了的缘故。

有许多话，但是现在一时说不起来。等想想再说吧。

我欢喜你，我欢喜你，我欢喜你，而且我欢喜你。

朱儿　十二

我很奇怪，他们若无其事

好友：

　　要是我在忧虑些甚么，或是悲伤些甚么，我一定不会像现在这样无聊。一点心事都没有，这使人生更为空虚。今天天闷热得有些可恨，我希望它再冷起来。上海连一个可以发发呆的地方都没有。房间里显然不是发呆的适当的地方，发呆的时候我欢喜看水，可是我不欢喜看黄浦江。心里只想跑出去，可是无处可去，而且完全没有跑出去的理由，然而好像非跑出去不可，因此我写这信，以寄信作为跑出去的理由。

　　一年以前，情形比现在还好一些。我很奇怪人们能那样安心于生活，有的人其实情形比我更糟，然而他们能若无其事地一天一天活下去。他们能安心于无灵魂的工作，无娱乐的生活，安心于他们又难看又愚蠢庸俗的老婆，她们的肚皮是老是隆起着的，安心于他们那一群猪一样的小孩，它们恰正是诗人所歌咏的纯洁天真的反面，龌龊的身体里包着一颗生下来就卑劣的心，教育的结果使它们变得更笨更坏。他们能安心地每天看报，从华北局势看起一直看到天蟾舞台的广告，闲时听着无线电弹词播音为消遣，能每夜足足睡九小时，能欠五个月房租而不以为意，除自己外不爱任何人,也没有任何人爱他们,身体会一年年发胖起来,尽管市面的不景气。

朱儿　六夜

不准写风花雪月的诗，就讲故事给你听

要是有人叫我不许和你写信，那我一定要急得自杀，然而一方面觉得非写不可，一方面又真是没有可写的话，如之何如之何！

好容易诌出了一个故事：

从前有一个少年，他爱了一个女子，一共爱了三年六个月，她还不知道她自己被爱着。那一天他闷不住了，红红脸孔对她说"我爱你"，刚说了个"我"字，莫名其妙地心中想起，"国家快要亡了！"吓了一跳，"爱"字上半个字只说了一半，便不再说下去，红红脸孔转身而去。后来她嫁了人，他仍旧一声不响地爱着她，国家仍是快要亡了的样子，他很悲伤，不知道如何是好。

因为华北已失去，而不准人写风花雪月的诗，写惯新月体现代体的新诗的，一定要转过来学冯玉祥体，总不大妥当。

我廿二上午动身回家，廿六晚上回到上海，因此你在二十至廿四之间如有信写给我，请寄到我家里，我会盼着你的。

玻璃窗上有很美的冰花，今天我正式穿皮袍子，去年新做的，一直搁在箱子里不穿。

我待你好，爱你得一塌糊涂。

白痴　十八午

梦不见你，我觉得寂寞悲哀

好朋友：

　　昨夜过了多梦的一夜，下午两点钟从街上回来，吃了两只汕头蜜橘，两包sweetkiss milk nut chocolate[①]，看了一回Shanghai Sunday Times[②]，便脱衣服睡在被中看Maupassant（新近买了一本Maupassant短篇小说全集，一块金洋，mex.$3.00，共二百二十二篇，每篇约值铜元四枚）。夜饭一个人吃了，继续看小说，看倦了熄灯，于是开始做梦，梦大概和小说有点关系，遇到了一个从前在之江很social[③]的女同学，我说，"Madame，我们都老了，你却比从前更charming[④]"，又遇见一个眼镜西装的姓周的同学（醒来之后却觉得像是郁郁星），牙齿尽变黄色，因为吃香烟之故，他一边说话一边把一支支香烟送进嘴里嚼。这么的几个梦之后，醒来忽然很sentimental，哭了起来，觉得很寂寞很悲哀，因为我想要梦见你却梦不见。我决定你是离弃我了，我说我将凭借甚么而生存

[①] 甜吻牌牛奶果仁巧克力。
[②] 《上海星期日时报》。
[③] 社交很广的。
[④] 有魅力。

呢？一切的missing①，和渺小，卑抑，屈辱之感压迫着我，伤心地又睡着了。这回梦见墙上挂着的那些照片一张张落了下来，又是满床都是各式各样的虫子，在困扰中往后便学了一些只有感觉而没有印象的梦，我知道我在梦魇了，像要闷死了的样子，拼命把头往上挪，终于挣扎着醒来，可是过了一会又来了，这回拼命地把按在胸前的手移开，似乎是在移别人的手，又醒过来了，这样继续了一些时候，才真的完全清醒过来，觉得很平静，在天亮的时候，得到一些真的休息。

我更看不起今年的耶诞节（圣诞节），较之历年的耶诞节（圣诞节），现在还要说甚么Glory to heaven, peace and good will on earth②，岂不无聊，甚么青年会之类，又要分送糖果给苦小孩子了，所有的基督徒们都要变得很慈善。虽然中国总归没有希望，但如此时突然宣布停止反共，和苏维埃联邦共和国缔结攻守同盟，政府明白表示反日，那时当然不但日本要红脸孔，欧美也要暴跳起来，自然中国要受到更大的联合阵线的威胁。但无论如何将是一件大快人心的事。这样伸伸缩缩地苟安着才叫人闷死。

---

① 失落。
② 光荣归于上天，和平和善行降于尘世。

寂寞得很，看不见你，我想哭

澄子：

昨夜想写信写不成功，其实总写不出甚么道理来。今晚又很懒，但不写信又似心事不了，仔细一想，我昨天还寄给你过一封信，却似乎已有两三天不写了的样子。

第二次世界大战业已开始，你高不高兴？中国又要有问题了。全国运动会太无聊。明天过去，又是星期。

还是讲梦吧：某晚我到你家里，你似乎有些神智失常，我们同出去散步ミマス①，到一只破庙里，你看见庙里的柱对，便要把头撞上去，我说这庙里一定有邪鬼，连忙把你抱了出来。回来的时候，经过一条河，河里放下几块三角板来，以备乘坐；尖头向前，后部分为两个窄窄的座位，隔在两座位中间的是舵轮滑车等物，可以开驶。我们坐了上去，我一点不懂得怎样开驶，几回险乎两人都翻下水去，你把我大骂。

陆先生说邵先生和钟先生都名士气，我觉得邵先生即使算得是名士也是臭名士，其行径纯乎"海派"，要从他身上找到一点情操是不可能的。钟先生太是个迂儒，但不失为真道学，不过有

---

① 日文动词词干，没有具体的意义。

点学者的狷傲气,人是很真诚不虚伪,二人不可同日语。至如夏先生则比我们天真得多,这种人一辈子不会懂世故。

寂寞得很,看不见你,我想哭。不写了,祝福你。

爱丽儿 四日夜

Everything will turn out all right

宋千金：

　　心里乱烘烘①，写了三四次信，总写不成功，怨得想自杀。

　　天又热起来，我希望它再下雨，老下雨，下个不停。

　　我待你好，我待你好。

　　你瞧，昨晚密昔斯陆问起你，我告诉她你姆妈预备逃难，她吓得连忙说，"那么我们也赶快去找房子"，女人乎！

　　上个星期日逛城隍庙，逛罢城隍庙接连看了三本苏联影片，偶然走过ISIS的门口而被吸进去的。一本《雷雨》是第四遍重看了，一本纪录电影《北极英雄》太单调沉闷，一本《齐天乐》，美国式的歌舞喜剧，可看得我从座位上沉了下去，窝心极了，想不到他们也会如此聪明，简直是可爱的胡闹，使人家老是张开了口笑。

　　工作，工作，老是工作，夜里简直白相不成。

　　不写了，祝你前程万里！为甚么不想法捞个官儿做做？

　　我相信everything will turn out all right②，我们将来都会

---

① 乱哄哄。
② 一切都会好起来的。

很得法，中国也不会亡，我也不希望日本亡，世界会变得很好很好，即使人人都不相信上帝佛菩萨。

万万福！

阿二

你们早点躲到上海来也好，免得将来找不到房子。

当今之时,最好谈谈恋爱

宋儿:

谢天谢地我没有老婆。要是在这种风声鹤唳的时节,小鸡胆子吓得浑天糊涂,忙着要搬家逃难,岂不把我活活麻烦死?这两天风声十分恶劣,谣言更是多得了不得。我是听都不要听这些,顶多也不过是那么一回事。只要局中一天不停工,我便自得其乐一天,如果工厂关门,卷起铺盖回家乡,仍旧可以自得其乐,逃难我决不。其实苟全性命于这种无聊的年头,于这种无聊的国家里,也真是无聊。见了怯懦的人真令我伤心。我们的陆师母已吓得唉声叹气,急得不得了,甚么小房子都肯住,房金不论,预备忙着搬法租界去。

我所懊恼的是据说明天薪水发不出,这个问题似乎比打仗更重要一些,因为没有钱便不能买糖吃,这是明明白白的。

当今之时,最好谈谈恋爱,因为……没有理由。

朱儿　十五

第九章
这里安眠着一个古怪的孤独的孩子

朱生豪早年曾写信对宋清如说："要是我死了，好友，请你亲手替我写一墓志铭……不要写在甚么碑上，请写在你的心上，这里安眠着一个古怪的孤独的孩子。"不想一语成谶。

宋清如初见朱生豪，第一印象是："那时，他完全是个孩子。瘦长的个儿，苍白的脸，和善、天真，自得其乐地，很容易使人感到可亲可近。"

朱生豪去世后，宋清如怀抱周岁的孩子回娘家，母亲怔怔地望着清如怀中的孩子，不禁潸然泪下："大孩子换成了小孩子。"

一个人只要有耐心,终会胜利[1]

无比的好人:

我是怎样欢喜,一个人只要有耐心,不失望,终会胜利的。找了两个黄昏,徒然地翻了一次又一次的抽屉,夜里睡也睡不着,我是失去了我的宝贝。今天早晨在床上,想啊想,想出了一个可能的所在,马上起来找,万一的尝试而已,却果然找到了,找到了!我知道我不会把它丢了的,怎么可以把它丢了呢?

我将更爱你了,为着这两晚的辛苦。

房间墙壁昨天粉饰过,换了奶油色。我告诉你我的房间是怎样的。可以放两张小床和一张书桌,当然还得留一点走路的空隙,是那么的大小,比之普通亭子间是略微大些。陈设很简单,只一书桌、一armchair[2]、一小眠床(已破了勉强支持着用)。书,一部分线装的包起来塞在床底下,一部分放在藤篮里,其余的堆在桌子上;一只箱子在床底下,几件小行李在床的横头。书桌临窗面墙,床在它的对面。推开门,左手的墙上两个镜框,里面是任铭善写的小字野菊诗三十律。向右转旋,书桌一边的

---

[1] 朱生豪到上海世界书局工作后不久初步安顿下来,写信向宋清如"汇报"。
[2] 扶手椅。

墙上参差地挂着三张图画。一张是中国人摹绘的法国哥朗的图画,一个裸女以手承飞溅的泉水,一张是翻印的中国画,一张是近人的水彩风景,因为题目是贵乡的水景,故挂在那里,其实不过是普通的江南景色而已。坐在书桌前,正对面另有雪莱的像、题名为《镜吻》的西洋画和嘉宝的照相三个小的镜框。再转过身,窗的右面,又是一张彩色的西洋画,印得非常精美。这些图画,都是画报杂志上剪下来的。床一面的墙上,是两个镜框,一个里面是几张友人的照片,题着Old familiar Faces①,取自Charles Lamb②的诗句;另一个里面是几张诗社的照片,题着Paradise Lost③,借用John Milton④的书名。你和振弟的照片,则放在案头。桌上的书,分为三组,一组是外国书,几乎全部是诗,总集有一本Century Readings in English Literature⑤、一本《世界诗选》、一本《金库》、一本《近代英美诗选》,别集有沙士比亚、济慈、伊利沙伯·白朗宁、雪莱、华茨渥斯、丁尼孙、斯文朋等,外加《圣经》一本。一组是少少几本中国书,陶诗、庄子、大乘百法明门论、白石词、玉田词、西青散记、儒门法语,除了陶、庄之外,都是别人见赠的,放着以为纪念,并不是真想看。外加屠格涅夫、高尔基和茅盾的《子夜》(看过没有?没看过我送你)。第三组是杂志画报:《文学季刊》《文学

---

① 熟悉的老面孔。
② 英国作家查尔斯·兰姆。
③ 英国诗人、政论家约翰·弥尔顿长诗《失乐园》。
④ 英国诗人、政论家约翰·弥尔顿。
⑤ 《世纪英国文学读本》。

月刊》《现代》、Cosmopolitan[①]、Screen Romances[②]、《良友》《万象》《时代电影》等。杂志我买得很多，大概都是软性的，而且有图画的，不值得保存的，把好的图画剪下后，随手丢弃；另外是歌曲集，有外国名歌、中国歌、创作乐曲、电影歌等和流行的单张外国歌曲。桌上有日历、墨水瓶、茶杯和热水瓶。

你好？不病了吧？我怎样想看看你啊！

快乐的亨利　十三

---

① 杂志《世界》。
② 杂志《银幕故事》。

我不许任何人待我好,但你待不待我好全随你

二姐已经睡得好好的了,小弟刚看卓别麟回来,胡闹得有趣。

雁歌暝归霞　楼凤惨瘗残
屏墨香尘老　轻灯舞往还
宿酒愁难却　旅尘染鬓寒
临江慵写黛　病却盼花残
素缕委尘白　软绡染水红
春归絮舞苦　花老燕飞慵
千里无情月　尚临别梦明
断魂残酒后　掩泪倚青灯

——拼字集句成四首

这玩意儿是我发明的,即是把一些诗词抄在纸上,然后一个一个字剪下来,随意把各字拼凑成一些不同的诗句,如上例。很费心思,你一定不耐烦试。然而我待你好。

廿八夜 爱丽儿

我想要是世上有一个人，比你更要好得多，而且比你更爱我，那么我一定会忘了你的。不过那是谎话，如果真有那样一个人，我一定要诅咒那人，因为比你更好，即是不好。而且我为甚么要人爱我呢？你倘不待我好我也一样待你好，除了你之外，我不许任何人待我好，但你待不待我好全随你便。

如果我忘了你，你会不会"略微有一点"伤心呢？我知道你一定会说"绝不！"为着这缘故，我更不肯忘了你，因为一个人如被人遗忘了而一点不伤心，这表示那忘记她的人对她会不值一个大，这是何等的侮辱呢。

莫名其妙的，日常我觉得我很难看，今天却美了一些。

你的鼻子有些笨相，太大一点，你试照照镜子看，你的眼睛最美，那么清澈而聪明，眉毛的表情也可爱。脸孔的全部轮廓，在沉静和愠怒时最好看，笑起来时，却有些凄惶相。是不是胡说呢？你的手跟你写的字一样太不文雅，不过仍然是女性的，令人怜疼，想要吻吻佢们。

廿九　晨

我爱你永远爱不完，愿蚊子不要叮你

好人：

挨过了一个无聊的聚餐，回到斗室里剥去衣裳（我不想对你讲究无聊的礼貌，一定要衣冠端正而写信），便在纸上写上了"好人"两个字，这光景正像受了委屈的孩子扑到娘怀里便"哇"的一声哭起来一样，除了这我也想不出甚么安慰自己的办法了。

委屈是并没有甚么委屈，不过觉得乏味得很，跟别人在一起的时候，我总是格外厌世的。今晚是本级在上海的同学欢送陈尧圣出国，虽然都是老同学，我却觉得说不出的生疏；坐在那里，尽可能地一言不发，如果别人问我甚么，便用最简短的字句回答，能用点头摇头或笑笑代替则以之代替。我总想不出人为甚么要讲那些毫无意义、毫无必要的"你好""忙不""放假了没有""几时来拜访""不敢当，请过来玩玩"一类的话。

只有你好像和所有的人完全不同，也许你不会知道，我和你在一起时较之和别人在一起时要活泼得多。与举世绝缘的我，只有你能在我身上引起感应。

《建筑月刊》从最近期定起，计洋五元六角，订单上的5字写得不大容易辨认，故再写一笔，免得查问。

我爱你永远爱不完，愿蚊子不要叮你。

朱　廿七

辞职书已拟好，盼回信

姐：

我懊丧极了，怨、恼、苦、气、恨、愁、悲、惨、闷、伤心……为甚么？不为甚么。

昨夜夜半房间里闹水灾，隔壁人家自来水管爆破，水从墙缝里钻了进来，几乎人都淹死（此夸张语也），房间里弄得一塌糊涂，今天那边修好了之后，戽出了几提桶水，你想我怨不怨？

信又盼了个空，罩衫臂上又撕破了一块，一切的一切，怨之不尽。昨夜局方开结束会议，大家都有减薪希望，但看今天有没有甚么通知，如果太不情了，我辞职书底稿也已经打好：

"总理先生大鉴：上海居大苦恼，拟回家乡吃黄米饭，请准辞职！"

拿他两个月津贴，回家白相半年再说。

明天下午或后天早上动身回家过年去还未定，要是到家后仍接不到你信，以后永远不待你好，死了之后变恶鬼永远跟你缠绕，拜四十九天梁皇忏给我也没用。

但现在我仍待你好。

弟弟　廿一

明天搬家,平凉村十室八空

清如:

我大概明天搬家,以后来信只寄局中好了。

昨天上午想写信写不成功,下午去看电影《苏格兰女王曼丽》,可是票子买不到,于是到大新公司游艺场去溜达一下,生平上游艺场,此为第一次,也是见识见识的意思。四点半再去买第二场的票子,又买不到,于是到北四川路去,看苏联片普式庚的原著《杜勃劳夫斯基》,这才是张真的文学电影,清丽极了,新闻片中又见到高尔基的生前和罗曼·罗兰的会面,以及他的葬仪。《杜勃劳夫斯基》不像过去《静静的顿河》和《雷雨》那样雄浑有力,而代之以诗意的抒情调子,摄影真是美极了。

平凉村里已经有十室八空的样子,但时局大抵还可苟安过去。昨天报上说各地热烈庆祝国庆,我不知道是怎样热烈法。

人应该常常搬家(否则便该自己有一所很大很大的大房子,我希望我将来造一所大房子,给我一个人住,有三百间房间,每个月我搬住一间房间,住过后那间房间便锁起来),至少每年得搬一次,否则废物越积越多,尽管住下去,总会弄到无转身之余地,使你不得不丢下一切空着身子逃走,或者放把火把房子烧了。

祝好，我待你好，我不要请人向你担保。

朱朱　十一

因为如果爱你没意思,不爱你更没意思

好人:

我不要翻日历,因为它会骗我只不过是三数天,但我明明觉得有好几个月了,你不曾有信来。

无锡有没有去?你有没有热坏?

明天起又要改到早上七点半上工了,全无人道可言,这种天气,只有早上是比较可以睡睡的时间。

我们英文部越来越不像样了,昔我来矣,主任之下连我算在内有四位大编辑,和六七位校对先生,现在除主任之外,算是编辑的只有我一个,校对剩了三个,可怜之至。

前天看电影《仲夏夜之梦》,不很满意。

你今天仍旧待我好的,是不是?我真爱你,不要说我说诳,但并不怎么样,因为这是一句没有意思的话,但我不因为没有意思而不爱你,因为如果爱你没意思,不爱你更没意思。

虫 卅

天气又凉得可爱，愿你无限好

清如：

今天我工作效率很好，走路时脚步也有点飘飘然，想要蹦蹦跳跳似的，天气又凉得可爱，心里充满了各种快乐的梦想。

我想，一个人的灵魂当然是有重量的，而且通常都较身体的重量为重，否则身体的重量载不住，要在空中浮了起来的。一个人今天心里很懊丧，他走一步路，似乎脚都提不起来的样子，头部也塞满了铁块似的低垂着；明天他快活了，便浑身都似乎要飞起来的样子，这当然只是灵魂的轻重发生变化的关系，身体的重量在两天之内决不会有甚么大的差异，而且不快活的人往往要消瘦，反而比之快活的人要轻一些。灵魂轻到无可再轻的时候，便要脱离身体而飞到天上去，有的飞上去不再回来，变成仙人了，有的因遇冷凝结（因为灵魂是像水汽一样的），重又跌了下来，那便只是一时的恍惚出神或做梦。有时灵魂一时不能挣扎出皮囊，索性像一个轻汽球[①]一样地，把身体都带到天上去了，这是古时所以有白日飞升的缘故。

[①] 气球。

说不出的话,想不起的思想,太多了。再谈吧。愿你无限好!

朱生　卅一日

一切的思念和祝福都属于你①

清如：

元旦早上到家，过了两夜，今晚回上海，读了你的信，很快活。

家里当然并没有趣儿，来了几个客人，吃吃东西发发闷，想给你写信也没心思，一半因为没有钢笔墨水我写不出。夜里仍做些梦，都不记得了，今天早上困晏觉，在被中想想你，曾经哭哭，不是为伤心或相思得苦，只是无聊而已。

我的年龄一共有四说，廿二岁、廿三岁、廿四岁、廿五岁。

再过两天是星期，又得玩了，还剩两三块钱。至少可以把西席地米尔的Cleopatra②和刘别谦的Merry Widow③两本一起看过。郑天然这家伙不知究竟打算来不来，要是明天不来，我根本对他失望了，已经是第四次的延期。

甚么希望都没有，只希望就看见你，你阴历新年在家还是在校？

这是今年我所写的第一封信。一切的思念和祝福都属于你，

---

① 含信两封。
② 影片《埃及艳后》。
③ 影片《风流寡妇》。

愿你无限好。

我怪爱在冷天吃冷东西，此刻尤其想吃ice cream。

朱　三日夜

婆婆：

今天有没有进城去呢？我不出去，很寂寞，很无聊。想着要吃月饼，买了一个"蚝黄夜月"，一个"旦黄①莲蓉"，吃到把胃口吃倒为止，现在还剩着一些些儿。无论吃甚么东西，总归不快活。我想婆婆，婆婆一定不想我。

现在我倦得想睡，不写了。你说过几时带我到月亮里去，几时去呢？你要是忘记了，我不依。你讲我一个故事听好吗？

祝你老人家万福金安。

珠儿　十五夜

昨夜睡得烂极了，几乎睡死。今天下雨。

婆婆上学去，要听先生话，不然打手心。

---

① 蛋黄。

你是天使，我是幸福的王子

好友：

我懒得很，坐在椅子里，简直懒得立起身来脱衣裳睡觉，看了几页小说，闭了眼睛出了一下神，又想写信，又有点不大高兴。今天有了钱，也吃到了你的糖，糖因为是你给我吃的，当然格外有味，可是你知道，一个人无论怎样幸福怎样快乐，如果他的喜乐只有自己一人知道，更没有一个可以告诉的人，总是非常寂寞的。如果我有一个母亲或知心的姐妹在一起，我会骄傲而满足地对她说，"妈，你瞧，我有一样好东西，一包糖，'她'给我的"。她一定会衷心地参与我的喜乐，虽然在别人看来，一点也不值得大惊小怪的。

编辑所里充满了萧条气象，往年公司方面裁员，今年有好几个人自动辞职，人数越减越少，较之我初进去时已少了一大半，实在我也觉得辞了职很爽快，恋着这种饭碗，显得自己的可怜渺小，可是自己实在甚么都不会干，向人请托谋事又简直是要了我的命，住在家里当然不是路数。我相信我将来会饿死。

听两个孩子呼名对骂，很有味道，打着学堂里念书的调子彼此唱和，哥哥骂妹妹是泼婆大王，妹妹骂哥哥小赤老①，以及等等。

明天再谈。你是天使，我是幸福的王子。

朱　十一

---

① 小赤佬。

卿似秋风，侬似萧萧叶

清如：

读到你信，我已决定不走动了，其实心情也懒散得很，蛰着吧，蛰着吧。人不大有气力，昨天用你的诗意写一首词，近来真一点诗思都没有：

不道飘零成久别／卿似秋风，侬似萧萧叶／叶落寒阶生暗泣／秋风一去无消息

倘有悲秋寒蝶蝶／飞到天涯，为向那人说／别泪倘随归思绝／他乡梦好休相忆

律诗首二句须对调，方合律。花细细可改花碎碎，此联佳。几头娇鸟句俚。全诗甚女儿气。绝句第一首可。第二首第三句不合律，末句庸劣。

我有些悲哀，是茫茫生世之感，觉得全然是多余的生存着，对谁都没有用处。挨着活吧。

你仍肯为我祈祷吗？你待我好的，不是？

愿你快乐！

朱　二日下午

我死之后,你肯为我流泪不?

昨夜醒来听雨,一阵朦胧之后,重又做起梦来,大凡清晨的梦总是更纷乱,我也不大记得起来了。记得我是睡着,梦魇了,一样东西打胸口上压下来,喊,喊不出,一只脚还竖起着,要伸直都不可能,这原是常有的现像①。于是我觉得一些人走了进来,姑母说,你看他这么好睡,要来揭被,我全知道,我在十分梦魇,他们说甚么做甚么我都知道。无奈撑不起身来。终于醒了转来,我说你们做甚么我都知道,我说我在睡着的时候甚么事情都知道,如果今晚这窗前月亮亮,我睡着也可以看见。仿佛我的眼睛盲了。仿佛我忽然想要问你一句话,我死了之后,你肯为我流泪不? 仿佛我真要死了。我说,如果我们是生在不科学的时代,或者可以相信灵魂不灭,而期待着来生,但现在是甚么都完结了,我不愿意死,因为我爱你得那么厉害。仿佛我读到你的同平常一样的亲切的信,但不是在我将死的状态中了,我要写回信——于是我写了这些。

---

① 现象。

我希望你将来能到我坟墓上看我

老弟：

昨夜我简直想怨命，开始是因为今天、明天有两天假放，日子无法过去，后来是怨恨你，我说我一定要变成恶鬼和你缠绕，世上没有比你更可恨的人。

顶不好的就是那种说着不确定的话的人，今天任小鬼说"或许"来看我，你想我能欢迎他吗？既不决定，对我说甚么，自然啦我不能出去，因为一出去他来了，那是我的不好；然而不出去他不来，他却不负责任，还有比这种更不公平的事吗？你也哄过我不少次了。其实你决不会来看我的，何必说那种来看你不来看你的话呢。不给人希望也不给人失望，这是 fair play[①]，给了人希望再叫人失望，这不是明明作弄人？总之是太少诚意，今后我先预答你一句："我永不愿你来看我"，这样可以免得你找寻别的理由。

脸孔简直不像人，我也实实在在怕得看见人，让大家忘了我，我也忘了大家吧，讨厌的还要回到家里去。只有寂寞最自由。

[①] 公平比赛。

你说过你希望将来，因此我希望你将来能到我坟墓上看我。

甚么都欺负人，二三十家电影院连一张好片子都没有，日子怎么过去！啊啊。

永远爱你，尽管你那样不好。

朱　廿九

请你亲手替我写一墓铭,写在你心上

Darling Boy:

千言万语,不知从何处说起。第一你说我是不是个好孩子,一到上海,连两三钟点都不放弃,寓所也没去,就坐在办公室里了。这简直不像是从前爱好逃学旷课的我了,是不是?事实是,下车时一点钟,因为车站离家太远,天又在临下阵头雨之际,便在北四川路广东店里吃了饭并躲雨,且吃冰淇淋。雨下个不停,很心焦,看看稍小些,便叫黄包车回家。可是路上又大落特落起来,车篷遮不住迎面的雨,把手帕覆在脸上,房屋树街道都在一片白濛濛中过去,像一个小孩子似的,衷心地感到喜悦(这是因为我与雨极有缘分的缘故,我做的诗中不常说雨?)。本来在汽车中我一路像受着极大的委曲似的,几回滴下泪来,可是一到上海,心里想着毕竟你是待我好的,这次来游也似乎很快乐,便十分高兴起来。——车过了书局门口,忽然转计想就在这里停下吧,因此就停下了。

为着礼貌的缘故,但同时也确是出于衷心的,容我先道谢你们的招待。你家里的人都好,我想你母亲一定非常好,你的弟弟给我的直接印象,比之你以前来信中所说及的所给我的印象好得多。

唉，我先说甚么呢？我预备在此信中把此时的感想，当时欲向你说而没有机会，因当着别人而讲不出来的话，实际还毋宁是当时的未形成言语的思想，以及一切一切，都一起写下来。明明见了面而不说话，一定要分手之后，再像个健谈者似的絮絮叨叨起来，自然有些反乎常情，然而有甚么办法呢，我一点不会说话！你对别人有许多话说，对我又说不出甚么话来，又有甚么办法呢？横竖我们会少离多，上帝（魔鬼也好）要是允许给我一支生花的笔，比之单会说话不会动笔也许确要好得多，无如我的笔并不能达出我所有的感情思想来何？但无论如何，靠着我们这两张嘴决不能使我们谅解而成为朋友，然则能有今日这一天，我能在你宝贵的心中占着一个位置（即使是怎样卑微的都好），这支笔岂不该值千万个吻？我真想把从前写过给你的信的旧笔尖都宝藏起来，我知道每一个用过的笔尖都曾为我作过如此无价的服务。

最初，我想放在信的发端上说的，是说你借给我的不是二块钱而是十块钱，这一回事是绝大的错误，当我一发现这，我简直有些生气，我想一回到上海之后，便立刻把我所不需要的八块钱寄还给你，说这种方面的你的好意非我所乐意接受，那只能使我感到卑辱。如果我所需要的是要那么多，为甚么我不能便向你告借那么多呢？如果我不需要那么多，你给我不需要的东西做甚么呢？……如果我这样，你会不会嫌我作意乖僻？我想我总不该反而嫌怪起你的好意（即使这样的好意我不欢迎）来而使你懊恼，因此将暂时保存着尽力不把它动用（虽然饭店里已兑碎了一块，那我想象是你请我的客，因此吃得很有味），以后尽早还你。本来这月的用途已细心计划好,因为这次突然的决心,又不知道车费竟是那么贵,所以短绌了些,但除非必要,我总不愿欠人家一块钱,即使(尤其)是最好的朋友;这个"好"脾气愿你了解我。你要不要知道此刻我所有的全部财产?自从父亲死了之后,家里当然绝没有甚么收入,祖产是有限得可怜,仅有一所不算小的房子,一部分自居,一部分分租给三家人家和一爿油行,但因地僻租不起钱,一年统共也不过三百来块钱,全部充作家中伙食和祭祀之用,我们弟兄们都是绝不动用分文的。母亲的千把块钱私蓄,一直维持我从中学到大学,到毕业为止计用空了百把块钱;兄弟的求学则赖着应归他承袭的叔祖名下一注小小的遗产。此刻我已不欠债,有二百几十块钱积蓄,由表姐执管着,我知道自己绝对用不着这些钱,不过作为交代而已。如果兄弟读书的钱不足时可以补济补济,自己则全然把它看作不是自己的钱一样。除了这,那么此刻公司方面欠我稿费百元,月薪四十三元,我欠房饭钱未付的十二元,此外别人借我去的约五六十元,我不希望他们还了。这些都不算,则我此刻有现金$7.25,欠宋清如名下$10.00,计全部财产为-$2.75。你想我是不是个Unpractical[①]的人?

话一离题,便分开了心,莫名其妙地说了这些不相干的话。我说,这回到常熟来我很有点感到寂寞,最颓丧的是令弟同我上茶馆去坐的那我也不知多少时候,那时我真是literally[②]一言

[①] 不实际的。
[②] 不夸张地。

不发（希望他原谅我性子的怪僻），坐着怨恨着时间的浪费。昨晚你们的谈天，我一部分听着，一部分因为讲的全是我所不知道的人们，又不全听得明白，即使听着也不能发生兴趣，因此听见的只是声音而不是言语，很使我奇怪人们会有这么多的nonsense①，爱谈这个人那个人的平凡琐事。但无论如何，自己难得插身在这一种环境里，确也感到有些魅力，因为虽然我不能感到和你心灵上的交流，如同仅是两人在一起时所感到的那样，但我还能在神秘的夜色中瞻望你的姿态，聆听你的笑语，虽然有时不知道你在说些甚么，但我以得听见你的声音为满足，因为如果音乐是比诗更好，那么声音确实比言语更好。也许你所说的是全无意思的话，但你的语声可以在我的心上绘出你的神态来。半悲半喜的心情，觉得去睡觉是一件很不情愿的事，因为那时自己所能感觉到摸触到的，就只有自己的饥渴的寂寞的灵魂了。After怨恨自己不身为女人（为着你的缘故，我宁愿作如此的牺牲，自己一向而且仍然是有些看不起女人的），因为异性的朋友是如此之不痛快多拘束，尽管在不见面时在想象中忘记了你是女人，我是男人，纯情地在无垢的友情中亲密地共哭共笑，称呼着亲爱的名字，然而会面之后，你便立刻变成了宋小姐，我便立刻变成了朱先生，我们中间不能不守着若干的距离，这种全然是魔鬼的工作。当初造了亚当又造夏娃的家伙，除了魔鬼没有第二个人，因为作这样恶作剧的，决不能称为上帝。——之后，我便想：人们的饥渴是存在于他们的灵魂内里，而引起这种饥渴来，

---

① 无意义的事。

使人们明白地感到苦恼，otherwise hidden and unfelt①的，是所谓幸福，凡幸福没有终极的止境，因此幸福愈大，则饥渴愈苦。因是我在心里说，清如，因为我是如此深爱你，所以让我们（我宁愿）永远维持着我们平淡的友谊啊！

撇开这些傻话，我觉得常熟和你的家虽然我只是初到，却一点也没有陌生之感，当前天在车中向常熟前行的时候，我怀着雀跃的似被解放了的一颗心，那么好奇地注意地凝望着一路上的景色，虽然是老一样的绿的田畴，白的云，却发呆似的头也不转地看着看着，一路上乡人们的天真的惊奇，尤其使我快活得感动。在某站停车时，一个老妇向车内的人那么有趣地注视着时，我真不能不对她beam a smile②；那天的司机者是一个粗俗的滑稽的家伙，嘴巴天生的合不拢来，因为牙齿太长的缘故，从侧面望去，真"美"。他在上海站未出发之前好多次学着常熟口音说，"耐伲到常熟"，口中每每要发出"×那娘"的骂人话，不论是招呼一个人，或抱怨着过站停车的麻烦时。他说，"过一站停三分钟，过十几站便要去了半个钟点"。其实停车停得久一些的站头自然也有，但普遍都只停一分钟许，没有人上下的，不停的也有，因此他的话有点moderately exaggerated③，总之是一个可爱的东西，当时我觉得。过站的时候，有些挥红绿旗的人因为没有经验，很有些手足无措的样子，而且所有的人都有些悠闲而宽和的态度，说话与行动都很文雅，一个人同着小孩下车，小孩应

---

① 另外隐藏着和未感觉到的。
② 微笑。
③ 适度的夸张。

该买半票的,却没有买,收票的除了很有礼地说一声要买半票之外,也就一声不响地让他走了。有两站司机人提醒了才晓得收票,某次一个乡妇下车后扬长而去,问那土头土脑的收票者,他说那妇人他认识的。最可笑的是一个乡下人,汗流浃背,手中拿着几张红绿钞票,气急匆匆地奔上车子,开到半路,忽然他在窗外看见了熟人,车子疾驰的时候,他发疯似向窗外喊着,连忙要求司机人把车子停下开开放他下车,吃了几句臭骂,便飞奔出去了,那张车票所花的冤钱,可有些替他肉痛,——这一切我全觉得有趣。可是惟一使我快活的是想着将要看见你。我对自己说,我要在下车后看见你时双手拉住你,端详着你的"怪脸",喊你做宝宝,虽然明知道我不会那样的;当然仍带着些忧虑,因为不知道你身体是否健爽。实在,如果不是星期六接到你的信,知道你又在受着无情的折磨,也许我不会如此急于看你,为着钱的问题要把时间捱后一些;而且你说过你要来车站候我,我怎么肯使你扑空呢?

车子过了太仓之后,有点焦躁而那个起来,直到常熟附近的几个村站,那照眼的虞山和水色,使眼前突然添加了无限灵秀之气,那时我真是爱了你的故乡。到达之后,望车站四周走了一转,看不见你,有点着急,担心你病倒,直至看见了你(真的看见了你),well then,我的喜乐当然是不可言说的,然而不自禁地timid[①]起来。

回去就不同了,望了最后的一眼你,凄惶地上了车,两天来

---

① 羞怯。

的寂寞都堆上心头，而快乐却全忘记了，我真觉得我死了，车窗外的千篇一律的风景使我头大（其实即使是美的风景也不能引起我的赞叹了）。我只低头发着痴。车内人多很挤，而且一切使我发恼。初上车时，还有一个漂亮的少女（洋囡囡式的），她不久下车，此后除了一个个儿高的清秀的少年之外，一车子都是蠢货商人市侩之流。一个有病的司机人搭着我们这辆车到上海，先就有点恶心。不久上来了一个三家村学究四家店朝奉式的人，因为忙着在人缝里轧座位，在车子颠簸中浑身跌在一个女人的身上，这还不过令人笑笑（虽然有些恶心）而已，其后他总是自鸣得意地遇事大呼小叫，也不管别人睬不睬他，真令人不耐。在我旁边那个人，打瞌铳常常靠压到我的身上，也惹气得很。后来有几个老妇人上来，我立起身让了座，那个高个儿少年也立起，但其余的那些年轻力壮的男人们，却只望着看看，把身体坐得更稳些。我简直愤慨起来，而要骂中国人毫无规矩，其实这不是规矩，只是一种正常的冲动。我以为让老弱坐，让贤长者坐，让美貌的女郎及可爱的小孩子坐，都是千该万该的。让贤长者坐是因为尊敬，让美貌的女郎坐是因为敬爱（我承认我好色，但与平常的所云好色有所不同。我以为美人总是世间的瑰宝，而真美的人，总是从灵魂里一直美到外表上，而灵魂美的人，外表未有不美者，即使不合机械的标准与世俗的准绳。若世俗所惊眩之美貌，一眼看去就知道浅薄庸俗的，我决不认之为美人），让小孩坐是因为爱怜，让老弱坐是因为怜悯。一个缠着小脚步履伶仃的乡曲妇人，自然不能令人生出好感，但见了她不能不起立，这是人类所以为人类的地方，但中国人有多数是自私得到那么卑劣的地步。

这种自私，有人以为是个人主义，那是大谬不然。个人主义也许不好，但绝不是自私，即使说是自私，也是强性的英雄式的自私，不是弱性的卑劣的自私，个人主义要求超利害的事物，自私只是顾全利害。中国没有个人主义，只有自私。

对于常熟的约略的概念，是和苏州相去不远，有闲生活和龌龊的小弄，崎岖的街道，都是我所不能惬意之点。但两地山水秀丽，吃食好，人物美慧（关于吃食，我要向你complain①，你不该不预备一点好吃的东西给我吃，甚至于不好吃的东西也不给我吃，今天早晨令弟同我出去吃的鸭面，我觉得并不好吃，而且因为分量太多，吃不下，只吃了二分之一；至于公园中的菱，那么你知道，嘉兴惟一的特产，便是菱了，这种平庸的是不足与比的，虽然我也太难得吃故乡的菱了。买回的藕，陆师母大表满意，连称便宜，可是岂有此理的她也不给我吃。实在心里气愤不过，想来想去想要恨你），都是可以称美的地方。如果两地中我更爱常熟，那理由当然你明白，因为常熟产生了你。

常熟和吾乡比起来，自然更是个人文之区，以诗人而论，嘉兴只有个朱竹垞（冒一个"我家"）可以和你们的钱牧斋一较旗鼓，但此外便无人了。就是至今你到吾乡去，除了几个垂垂老者外，很难找出一打半风雅的人来，嘉兴报纸副刊的编辑，大概是属于商人阶级的人或浅薄少年之流，名士一名词在嘉兴完全是绝响的。子弟们出外读书，大多是读工程化学或者无线电甚么之类，读文学是很奇怪的。确实的，嘉兴学生的国文程度，皆不

---

① 抱怨。

过尔尔的多，因为书香人家不甚多，有的亦已衰微，或者改业商了。常熟也许士流阶级比商人阶级更占势力，嘉兴则全是商人的社会，因此也许精神方面要比前者整饬一点，略微刻苦勤勉一点。此外则因为同属于吴语区域，一切风俗都没有甚么两样。

要是我死了，好友，请你亲手替我写一墓铭，因为我只爱你的那一手"孩子字"，不要写在甚么碑版上，请写在你的心上，"这里安眠着一个古怪的孤独的孩子"，你肯吗？我完全不企求"不朽"，不朽是最寂寞的一回事，古今来一定有多少天才，埋没而名不彰的，然而他们远较得到荣誉的天才们为幸福，因为人死了，名也没了，一切似同一个梦，完全不曾存在，但一个成功的天才的功绩作品，却牵萦着后世人的心。试想，一个大诗人知道他的作品后代一定有人能十分了解它，也许远过于同时代的人，如果和他生在同时，一定会成为最好的朋友，但是时间把他们隔离得远远的，创作者竟不能知道他的知音是否将会存在，不能想象那将是一个何等相貌性格的人，无法以心灵的合调获取慰勉，这在天才者不能不认为抱恨终天的事，尤其如果终其生他得不到人了解，等死后才受人崇拜，而那被崇拜者已与虫蚁无异了，他怎还能享受那种崇拜呢？与其把心血所寄的作品孤凄凄地寄托于渺茫中的知音，何如不作之为愈呢？在天才的了解者看来呢，那么那天才是一个无上的朋友，能传达出他所不能宣述的隐绪，但是他永远不能在残余的遗迹以外去认识，去更深切地同情他，他对于那无上的朋友，仅能在有限范围内作着不完全的仰望，这缺陷也是终古难补的吧？而且，他还如一个绝望的恋人一样，他的爱情是永远不会被她知道的。

说着这样一段话，我并不欲自拟为天才（实在天才要比平常人可怜得多），但觉得一个人如幸而能逢到一个倾心相交的友人，这友人实比全世界可贵得多；自己所存留的忆念，随着保有这些忆念的友人的生命而俱终，也要比"不朽"有意思些。我不知道我们中谁将先谁而死，但无论谁先死总使我不快活，要是我先死的话，那么我将失去可宝贵的与你同在的时间之一段。要是你先死的话，那么我将独自孤零地在忆念中度着无可奈何的岁月。如果我有希望，那么我希望我们不死在同一空间，只死在同一时间。

　　话越说越傻了，我不免很有些sentimental，请原谅我。这信是不是我所写给你中的最长的？然而还是有许多曾想起而遗落了的思想。

　　在你到杭州之前，我无论如何还希望见你一面。愿你快快痊好，我真不能设想，你要忍受这许多痛苦与麻烦。

　　无限热烈的思念。盼你的信息。

朱朱　廿六夜

　　你们称第三身"他"为gay，很使我感到兴味，大约是"佢、渠"音之转。

　　我所以拙于说话的原因，第一是因为本来懒说话，觉得甚么话都没有意思，别人都那样说我可不高兴说。第二是因为脑中的话只有些文句，说出来时要把它们翻成口语就费许多周章，有时简直不可能。第三我并不缺少sense of humor[①]，也许比别人要丰富得多，但缺少ready wit[②]，人家给我讲某事的时候，有时猝然不知所答，只能应着惟惟，等到想出话说来时，已经用不着说了，就是关于常识方面的也是如此，陆先生曾问起我最近从飞机上坠下来跌死的滑稽电影明星Will Rogers的作风如何，到过上海有甚么片子，一下子我只能说他善于描述人情世故，以乡曲似的形式出现银幕上，作品一时记不起名字来，我还不曾看过他的片子。等到想要补充着说他是美国电影中别树一派的幽默家，富于冷隽的趣味，为美国人最爱戴的红星之一，但在中国却颇受冷落，他的作品较近而成功的有Handy Andy（《人生观》），Judge Priest（中译名不详），等等，凡我的"渊博"的头脑中所有的关于这位我并未与谋一面的影星的智识时，这场谈话早已结束了。——此外，我纵声唱歌时声音很高亮，但说话时却低沉得甚至于听不大清楚。姑母说我讲起话来蚊子叫，可是一唱起歌来这股劲儿又不知从那里来的，我读英文也能读得很漂亮，但说绝对不行。大概在说话技术一方面太少训练。每年中估计起来成天不说话的约有一百天，每天说不上十句话的约二百天，说话最多的日子，大概不至于过三十句。

虽然再想不出甚么话来，可是提着笔仍旧恋恋着不肯放下来，休息吧，笔！快一点钟了。此刻你正在梦中吧，知道不知道，或者想得起想不起我在写着写着？你那里雨下得大不大？如

[①] 幽默感。
[②] 机智。

果天凉了，仔细受寒。……快两点钟哩，你睡得好好儿的吗？我可简直的不想睡。昨夜我从两点钟醒来后，安安静静地想着你，一直到看天发亮，今天又是汽车中颠了三个钟点，然而此刻兴奋得毫不感到疲乏，也许我的瘦是由于过度的兴奋所致，我简直不能把自己的精神松懈片刻，心里不是想这样就是想那样，永远不得安闲，一闲下来便是寂寞得要命。逢到星期日没事做，遂我的心意，非得连看三场电影不可。因此叫我在茶馆里对着一壶茶坐上十五分钟，简直是痛苦。喝茶宁可喝咖啡，茶那样带着苦意的味道，一定要东方文明论者才能鉴赏，要我细细地品，完全品不出甚么来，也许觉得白开水倒好吃些。我有好多地方真完全不是中国人，我所嗜好的也全是外国的东西，于今已一年多不磨墨了，在思想上和传统的中国思想完全相反，因为受英国文学的浸润较多，趣味是比较上英国式的，至于国粹的东西无论是京戏胡琴国画国术等一律厌弃，虽然有时曾翻过线装书（那也只限于诗赋之类），但于今绝对不要看这些，非孔孟，厌汉字，真有愿意把中国文化摧枯拉朽地完全推翻的倾向，在艺术方面，音乐戏剧的幼稚不用说，看中国画宁可看西洋画有趣味得多，至于拓几笔墨作兰花竹叶自命神韵的，真欲嗤之以鼻，写字可以与绘画同成为姐妹艺术，我尤其莫名其妙。这些思想或者有些太偏激，但目睹今日之复古运动与开倒车，不能不对于这被诩为五千年的古文化表示反对。让外国人去赞美中国文化，这是不错的，因为中国文化有时确还可以补救他们之敝，但以中国人而嫌这种已腐化了的中国文化还不够普及而需待提倡，就有些夜郎自大得丧心病狂了。我想不说下去了，已经又讲到文化的大问题,而这些话也还是我的老生常谈,卑卑无甚高论。你妈来了没有?妈来了你可以要她疼疼了,可是我两点半还不睡,谁来疼我呢?